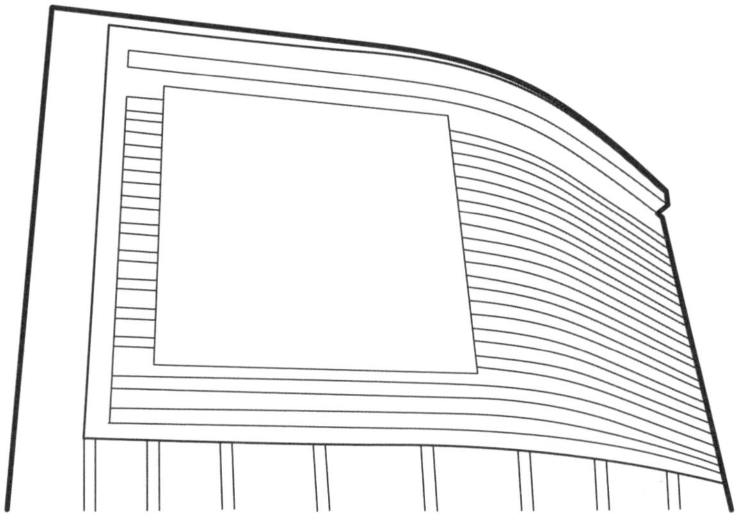

세브란스 감동이야기

The moving story of Severance

정 종 훈 지음

연세대학교 대학출판문화원

세브란스 감동이야기

지은이 정종훈
펴낸곳 연세대학교 대학출판문화원
주 소 서울특별시 서대문구 연세로 50
http://press.yonsei.ac.kr
e-mail: ysup@yonsei.ac.kr
전 화 02)2123-3380~2
팩 스 02)2123-8673
등 록 1955년 10월 13일 제9-60호
인 쇄 네오프린텍(주)

2020년 12월 2일 1판 1쇄 발행
2020년 12월 30일 1판 2쇄 발행
ISBN 978-89-6850-526-3 (93230)

값 12,000원

|프롤로그|

세브란스의 정신을 계승 강화 발전시키는 청지기가 되련다

연세의료원은 12,000여 명의 교직원과 2조 5,000억 원에 근접한 예산으로 운영되는 대단히 큰 병원이다. 리퍼트(Mark W. Lippert) 주한미대사의 피습과 메르스 사태 때 잘 대처하여 국민으로부터 더욱 신뢰받는 병원이 되었고, 국가고객만족도(NCSI)에서는 10년 연속으로 1등을 하고 있다. 2020년 3월 1일에 최첨단의 용인세브란스병원을 개원했고, 향후 2~3년 내로는 중국 칭다오에 칭다오세브란스병원을, 인천 송도에 세브란스국제병원을, 그리고 신촌세브란스병원 내에 암치료의 환상적 기기라 일컬어지는 중입자치료기를 설치할 예정이다. 하드웨어 측면에서나 소프트웨어 측면에서 또는 역사적인 측면에서 연세의료원, 세브란스병원을 능가할 의료기관이 한국에서나 아시아 지역에서 거의 없다는 점에서 매우 자랑스럽다. 그러나 우리 연세의료원, 세브란스병원의 진정한 자랑은 무엇보다 12,000여 명의 교직원이 기독교 정신에 근거해서 헌신적으로 일하고 노력하는 데 있다. 나는 연세의료원을 확고하게 받쳐주는 것이 있다면, 그것은 1885년 4월 10일 광혜원 개원으로부터 제중원을 거쳐서 지금까지 이어지는 세브란스의 기독교 정신에 있다고 생각한다. 이제 지난 136년의 역사 동안 연세의료원에서 발현되어 꽃피고 있는 세브란스의 기독교 정신이 무엇인지를 하나하나 정리하는 것은 우리 연세의료원의 내일과 오늘을 위해 꼭 필요한 일이라 할 것이다.

첫째로, 세브란스의 기독교 정신은 우리 한 사람 한 사람을 하나님께서 친히 부르셨다는 소명 의식(Calling)에 있다. 하나님께서는 중국에서 힘겹게 사역하던 의료선교사 알렌(Horace N. Allen) 박사를 미국공사관의 공의(公醫)로 부르시어 한국 의료선교의 물꼬를 트셨다. 하나님께서는 어린

세브란스 전경

시절부터 인도 선교를 꿈꾸며 준비하던 언더우드(Horace G. Underwood) 목사를 척박한 조선 땅으로 부르시어 복음 전파의 열정으로 가득한 최초의 목회자 선교사로 삼으셨다. 하나님께서는 캐나다 토론토대학교 의과대학 교수이자 토론토 시장의 주치의였던 에비슨(Oliver R. Avison) 박사를 부르시어 안락한 삶의 환경과 명예를 뒤로하고 의사가 절실했던 우리나라에 와서 세브란스 의학전문학교와 연희전문학교의 초석을 쌓게 하셨다. 하나님께서는 제이콥슨(A. P. Jacobson) 선교사를 부르시어 제중원 최초의 간호사로 일하게 하셨고, 그녀를 이은 쉴즈(Esther L. Shields) 선교사를 부르시어 세브란스병원의 간호원 양성소를 설립해서 많은 간호사를 배출하게 하셨다. 또한 하나님께서는 목사의 아들이었던 쉐플리(William J. Sheifley) 박사를 부르시어 치의학의 불모지를 개척하게 하셨고, 부츠(J. L. Boots) 박사를 부르시어 치과병원의 신축과 함께 큰 발전을 이루게 하셨다.

이처럼 세브란스의 초창기 선교사들은 하나같이 하나님께서 자신을 부르셨다는 소명 의식을 갖고, 잘 알려지지도 않았던 우리나라에 와서 헌신의 열정을 불살랐던 분들이다. 지금 연세의료원에서 일하는 12,000여 명의 우리 교직원 한 사람 한 사람도 수많은 사람 가운데서 하나님의 부르심을 받아 일하는 사람들이다. 많은 사람이 연세의료원에서 일하기를 원하고 있지만 기회를 얻지 못한 사람이 더 많기 때문이다. 나는 안산 자락을 거쳐서 의료원으로 출근할 때마다 마음에서 우러나는 감동을 느낀다. "어찌 나처럼 부족한 사람이 명문 연세대학교와 연세의료원에서 교수로서 또 원목실장 겸 교목실장으로서 일할 수 있단 말인가?" 연세대학교와 연세의료원은 나에게 분에 넘치는 일터라는 생각을 떨칠 수 없다. 우리 의료원을 잘 모르는 사람들은 "연세의료원에는 주인이 없다"고 말하지만, 실제 연세의료원의 주인은 하나님이시다. 연세의료원은 역사 속에서 하나님의 섭리와 인도하심으로 세워졌고, 지금도 하나님의 도우심으로 존재하기 때문이다. 연세의료원의 교직원들은 외형적으로는 사람들 앞에서 일하고 있지만, 실질적으로는 자신을 부르신 하나님 앞에서 일하는 것이다. 우리가 하나님 앞에서 일하는 것이라면, 대충대충 일할 수 없다. 사람의 눈은 피할 수 있다고 하더라도, 하나님의 눈은 어떤 경우에도 피할 수 없기 때문이다. 그러므로 우리 연세의료원의 교직원들은 하나님의 부르심에 감사하면서 자신에게 맡겨진 일이 무엇이든, 그 일이 크든 작든, 그 일이 쉽든 어렵든, 열과 성을 다해서 충성스럽게 감당하고자 노력한다.

둘째로 세브란스의 기독교 정신은 어떤 사람도 차별하지 않고, 사랑으로 돌보는 보편적 돌봄의 정신(Caring)에 있다. 예수께서는 누구도 차별하지 않고 동일한 사랑으로 돌보셨다. 유대인과 이방인, 헬라인과 야만인, 부자와 가난한 자, 건강한 자와 병든 자, 남성과 여성, 성인과 어린아이 사이의 관습적인 모든 차별을 허무셨다. 더욱이 세리와 창기, 각종 병든 자와 가난한 자, 여성, 어린아이 등 소외받던 사람들이 예수 앞에서는 우선적으로 환영을 받았다. 세브란스의 초기라 할 수 있는 '광혜원'(廣惠院)과

'제중원'(濟衆院)에서는 상놈도, 여성도, 어린아이도, 가난한 사람도 차별 없이 동일한 치료를 받았다. 광혜원이라는 이름대로 널리 은혜를 베푸는 병원으로서, 제중원이라는 이름대로 누구라도 질병에서 구제를 받게 하는 병원으로서 자리잡기 위해 노력했기 때문이다.

광혜원으로 개원한 이래 우리 세브란스는 양반이나 정부 관리, 또는 부자라고 해서 우선적이거나 특별한 대접을 하지 않았다. 의료진은 환자들이 온 순서대로 번호표를 주고, 번호표의 일련번호에 따라서 치료를 했다. 에비슨 박사는 왕의 주치의였지만, 왕을 치료하던 손으로 인간 이하의 취급을 받던 백정에 대해서도 동일한 마음을 갖고서 치료했다. 그는 세상 모든 사람이 예외 없이 하나님의 형상으로 지음을 받은 존귀한 존재임을 알았기 때문이다. 그러므로 우리 연세의료원의 교직원들은 인종, 국적, 종교, 이념, 신분, 성별, 빈부 등 그 어떤 요인으로도 환자를 차별하지 않고, 특히 국내외의 가난하고 소외된 환자들에 대해서는 우선적으로 최선을 다하는 사랑의 마음으로 돌보고자 노력한다.

셋째로 세브란스의 기독교 정신은 자신의 것을 아낌없이 주는 나눔의 정신(Contributing)에 있다. 제중원 4대 원장이었던 에비슨 박사는 1900년 봄 안식년에 미국의 선교대회에서 강연하면서 척박한 조선 땅에 제대로 설비를 갖춘 현대식 병원이 필요하다고 호소했다. 마침 그 자리에 있었던 사업가 세브란스(Louis Severance) 장로가 공식 행사가 끝난 후 에비슨 박사를 만났다. 에비슨 박사에게 보다 상세한 설명을 들은 세브란스 장로는 그 후 1만 불의 기금을 기부하기로 약속했다. 이로 인해서 에비슨 박사는 세브란스 장로를 만나서 매우 고마워하며 이렇게 인사했다. "세브란스 씨, 이 좋은 선물을 주신것에 우리는 당신께 감사를 드립니다. 그것은 우리를 매우 행복하게 했습니다. 그것은 한국의 병든 사람들에게 매우 필요한 것이 될 것입니다."(We want to thank you, Mr. Severance, for this fine gift. It has made us very happy, for it will be a great boon to the sick people of Korea.) 그러자 세브란스 씨가 대답했다. "그것을 받는 당신들의 행복보다 그것을 주는 저의 행복이 더 크답니다."(Well, you are not happier to receive it than I am to give it.)

우리가 사는 세상에서 보통 사람들은 공짜를 좋아한다. 공짜라면 양잿물도 마시려고 한다. 우리 주변에는 자신의 것을 모으기 위해서 혈안이 되어 있는 사람들 역시 적지 않다. 그러나 예수께서는 "주는 것이 받는 것보다 복이 있다."(행 20:35)고 말씀하셨다. 사실 우리가 가진 것들, 우리의 재능이나 우리의 부나 우리의 지위 등 흔히 우리의 것이라 말하는 것들이 실제는 우리의 것이 아니다. 하나님께서 그것을 필요로 하는 사람들에게 나누도록 우리에게 일시적으로 맡기신 것들이기 때문이다. 나는 2003년 연세인 연합채플에서 선포된 김동호 목사의 메시지를 잊을 수가 없다. "연세인 여러분, 여러분은 노력하지 않으면 5,000명을 등쳐먹을 사람들이 될 것입니다. 그러나 여러분이 노력하면 여러분은 5,000명을 먹여 살리는 사람들이 될 것입니다." 그러므로 우리 연세의료원의 교직원들은 자신의 재능과 물질, 자신의 시간과 책임을 환우들이나 주변 이웃들과 나누는 것을 자신의 행복과 기쁨과 보람으로 삼고자 노력한다.

넷째로 세브란스의 기독교 정신은 창의적인 개척의 정신(Creating)에 있다. 정연희 작가가 쓴 『양화진』이라는 소설에서 작가의 상상력으로 쓴 언더우드 목사의 기도문에 의하면, 믿음 위에 기초한 개척의 정신을 잘 볼 수가 있다. "저희가 해야 할 일이 보이지 않습니다. 그러나 주님, 순종하겠습니다. 겸손하게 순종할 때 주께서 일을 시작하시고, 그 하시는 일을 우리의 영적인 눈이 볼 수 있는 날이 있을 줄 믿나이다... 지금은 우리가 황무지 위에 맨손으로 서 있는 것 같사오나, 지금은 우리가 서양귀신 '양귀자' 라고 손가락질 받고 있사오나 저들이 우리 영혼과 하나인 것을 깨닫고, 하늘나라의 한 백성, 한 자녀임을 알고 눈물로 기뻐할 날이 있음을 믿나이다. 지금은 예배드릴 예배당도 없고, 학교도 없고, 그저 경계의 의심과 멸시와 천대함이 가득한 곳이지만, 이곳이 머지않아 은총의 땅이 되리라는 것을 믿습니다." 우리 세브란스의 초창기 개척자 가운데 한 분인 에비슨 박사나 그분의 제자 김명선 선생께서 늘 암송하던 성경 구절 가운데 하나가 갈라디아서 6장 9절, "낙심하지 말고 꾸준히 선을 행합시다. 꾸준히 계속하노라면 거둘 때가 올 것입니다."라는 말씀이다. 이 말씀은 당장 결실이 없더라도 그것이 선을 위한 일이라면 믿음으로 꿋꿋하게 나아가도록 격려하고 도전하는 말씀이기 때문이다.

우리 세브란스는 1885년 서양식 최초의 병원으로 출발한 기독교 병원이다. 우리 세브란스는 우리나라 최초로 의사 교육을 시작해서 1908년 우리나라 최초의 의사 7인을 배출한 의학교육기관이다. 서양식 병원이나 의학교육과 관련해서 '최초'는 대부분 우리 연세의료원에서 비롯되었다고 해도 과언이 아니다. 그러나 우리 연세의료원의 최초(the First)는 최초라는 사실 하나에만 머물지 않고, 언제나 최고 최선(the Best)을 지향하면서 기어이 최고 최선을 이루어왔다. 이처럼 우리 세브란스는 언제나 선구자적인 개척 정신을 갖고 대한민국은 물론이고 세계의 의료계를 창의적으로 개척하며 선도해 왔다. 우리 세브란스가 걸어가는 길이 오래지 않아 한국 대부분의 의료기관이 따라오는 모두의 길이 되고 있다. 그러므로 우리 연세의료원의 교직원들은 선배들이 보여준 창의적인 개척 정신을 계승하여, 현상 유지에 안주하지 않고, 진료, 교육, 연구, 봉사, 선교 등 모든 분야에서 선도적이 되고자 불철주야로 노력한다.

끝으로 세브란스의 기독교 정신은 협력과 상생의 정신(Cooperating)에 있다. 언더우드 선교사는 의사가 절실한 조선 백성을 위하여 에비슨 박사의 마음을 움직여서 의료선교사가 되어 조선 땅에 오도록 했고, 두 사람은 동지적인 관계를 설정함으로 언더우드 선교사의 사후에까지 협력했다. 언더우드 선교사가 서울에 대학을 설립하고자 할 때, 당시 조선 땅에 있던 다수의 선교사는 숭실학교와 평양신학교만 있으면 족하다고 반대했는데, 에비슨 박사만은 초지일관 언더우드 선교사의 제안을 지지하며 끝까지 협력했다. 언더우드 선교사가 1915년 조선기독교대학(Chosen Christian College, 연희전문의 전신)을 설립하고 이듬해 병으로 서거(逝去)하자, 세브란스의학전문학교의 교장이었던 에비슨 박사는 언더우드 선교사를 이어 연희전문의 2대 교장이 되어서 1934년까지 무려 18년 동안 양교의 교장을 겸직하면서 각 학교의 발전에 크게 기여했다. 그리고 에비슨 박사가 조선 땅에 제대로 된 서양식 병원을 세우고자 계획했을 때, 캐나다 토론토에서 잘 나가던 건축가 고든(Henry B. Gorden) 선생은 세브란스병원의 건축설계를 무료로 제작한 재능기부자로서 협력했고, 세브란스 장로는 병원을 지을 땅과 자재 비용을 넉넉히 제공한 기금 기부자로서 협력했으며, 언더우드 선교사는 세브란스병원 건축 과정에 고든 선생을 초청해서 직접 감독할 수 있도록 협력했다. 그러한 협력의 결과 동양 최고의 병원인 세브란스병원이 건축될 수 있었다. 한편 숭실학교와 평양신학교는 장로교 선교사들 중심으로 운영된 학교였지만, 세브란스의학전문학교와 연희전문학교는 장로교, 감리교, 성공회 등 초교파적인 협력 가운데 운영된 학교였다. 1957년 드디어 연희대학교와 세브란스의과대학교가 합병해서 연세대학교가 된 것은 협력의 시너지와 함께 최고의 명문대학으로 우뚝 서게 한 초석이었다고 말할 수 있다.

하나님께서는 아담을 창조하시고, 돕는 배필로서 하와를 창조하셨다. 이로써 사람과 사람의 관계는 서로 돕는 관계임을 알 수 있다. 세상 모든 사람은 하나의 생명을 네트워크처럼 구성하는 전체의 일부분으로서 서로 밀접한 관계에 있다. 세상에서 혼자만 살려고 하는 사람은 다른 사람을 죽이고, 결국에는 자기도 죽는다. 그러나 다른 사람을 살리려는 사람은 다른 사람도 살리고, 자기도 살게 된다. 세계 78억 명의 사람들은 3, 4명만 거치면 모두가 아는 관계로 이어질 수 있다고 한다. 따지고 보면, 세상 모두가 한 분 하나님 아버지의 자녀로서 형제이고 자매인 셈이다. 서로 배타적이고 서로 경쟁할 때는 지옥이 될 수 있지만, 서로 협력하고 서로 상생할 때는 천국이 될 수 있다. 그러므로 우리 연세의료원의 교직원들은 정부와의 협력, 지역사회와의 협력, 교회와의 협력, 국내외 다른 병원과의 협력, 동문과의 협력, 노사 간의 협력, 각 병원 간의 협력, 의사와 간호사 간의 협력 등을 통해서 모두가 함께 사는 세상을 만드는 일에 앞장서고자 노력한다.

나는 앞에서 정리한 세브란스의 정신을 계승하고 강화하며 발전시키는데 작게라도 기여하는 청지기로서 인정받고 싶다. 나는 세브란스의 정신을 의도적으로 C자로 시작하는 영어단어들로 선택했다. 소명의식(Calling), 보편적 돌봄의 정신(Caring), 나눔의 정신(Contributing), 창의적인 개척의 정신(Creating), 협력과 상생의 정신(Cooperating)이 그것이다. C는 기독교(Christianity) 또는 기독교 정신 (Christian Spirit)의 C와 일치한다. 한마디로 세브란스의 자기 정체성은 기독교(Christianity) 또는 기독교 정신 (Christian Spirit)에 있음을 한시도 잊어서는 안 된다는 것이다. 또한 다섯 가지 기독교 정신은 C자로 시작해서 ing로 끝나는 것으로 구성했는데, 이것 역시 의도적이다. 영어에서는 동사에 ing를 붙이면 동명사가 되는데, 동명사는 명사의 성격과 동사의 성격을 모두 지니고 있다고 말할 수 있다. 세브란스의 다섯 가지 정신은 계승하고 강화하며 발전시켜야 할 명사인 동시에 연세의료원의 모든 구성원이 하나님의 청지기로서 지금 여기에서 구체적으로 이행해야 하는 동사인 것이다. 내가 『세브란스 감동이야기』를 저술하게 된 이유가 바로 여기에 있다.

차례

제3장 | 나눔의 감동

제4장 | 섬김의 감동

제1장

정체성의 감동

사명과 비전이 생명력 있게 꿈틀거리는 세브란스

매년 세브란스 의료선교의 달을 통해 사명을 확인하는 세브란스

찬양음악이 울려퍼지고 성경구절이 가슴을 파고드는 세브란스

수술을 집도하는 의료진이 수술환자를 위해 직접 기도하는 세브란스

생명의료윤리포럼을 운영하는 세브란스

경쟁을 지양하고 협력을 지향하는 교육이 실행되는 세브란스

코로나19 시대에 오늘의 성경말씀을 공유하는 세브란스

“사명과 비전이 생명력 있게 꿈틀거리는 세브란스”

1999년 11월 24일 오후 3시 연세대학교 백주년기념관에서 21세기를 맞기 전에 새로운 경영 이념을 도입하고, 의료문화를 새롭게 조성하기 위한 의지를 담아 연세의료원은 사명선언문 발표와 비전선포식을 거행했다. 21세기의 도래와 함께 하나님의 사랑을 전파하기 위한 기독교 의료기관으로서의 자기 정체성을 확인하고, 국민의 아낌없는 신뢰에 크게 부응하겠다는 각오의 시간이었다. 이를 위해서 전문컨설팅회사 ‘갈렙&캠퍼니’가 4개월 남짓 일반 국민과 내원객, 교직원 등을 대상으로 설문을 조사했고, 연세의료원 내의 경영 현황과 주변 의료 환경을 분석했다. 그리고 3차에 걸쳐서 워크숍을 진지하게 진행하면서 의견을 수렴했다. 당시 설문조사를 위해서 “연세의료원 하면 떠오르는 것을 모두 적어 보자”고 질문했을 때, 대표적인 핵심어로 떠오른 것은 ‘기독교’, ‘사랑’, ‘최고’ 등의 단어였다고 했다.

사명선언문 발표와 비전선포식을 거행하던 날, 백주년기념관 입구 전면에는 ‘천년 빛 연세비전 선포식’이라는 대형 현수막이 내걸렸고, 축하하기 위해 온 보건복지부 관계자들을 비롯한 내외귀빈, 동문과 환자, 교직원 등

900여 명이 참석해서 선포식의 깊은 의미를 되새겼다. 연세대학교 동문인 손범수 아나운서가 사회를 맡았고, 한동관 의무부총장 겸 의료원장이 비전을 선포했으며, 박창일 기획조정실장이 비전의 내용을 설명했다. 그리고 부문별 비전에 대한 질의응답 시간이 있었고, 교직원 실천결의문의 낭독이 있었다. 이날 연세대학교 김병수 총장은 기념사에서 "지난 2세기를 이어 우리나라에 현대의학을 도입하고 국민 건강 증진과 의학발전을 위해 진력하여 온 연세의료원이 2천년대 새로운 의료기관으로 거듭나겠다는 비전 선포는 새 천년을 앞둔 시점에서 매우 바람직한 일이 아닐 수 없음"을 말하면서, "우리 연세의료원의 교직원들은 변화와 개혁의 선봉에 서서 2천년대를 향한 비전이 달성될 수 있도록 합심하여 노력해줄 것"을 당부했다.

발표된 연세의료원의 미션은 "하나님의 사랑으로 인류를 질병으로부터 자유롭게 한다."(With the Love of God, Free Humankind from Disease and Suffering.)는 것이었고, 그에 따른 비전은 다음의 세 가지였다. 첫째, 연세의료원은 첨단진료, 전문화, 의료기관 간 유기적 관계구축을 통하여 양질의 진료를 제공하고 고객을 섬김으로써 가장 신뢰받는 의료기관이 된다. 둘째, 개척정신과 협동정신으로 새로운 연구영역을 창출하여 의학기술을 선도하는 연구기관이 되며, 다양하고 인간적인 교육으로 가장 배우고 싶어하는 교육기관이 된다. 셋째, 알렌, 에비슨, 세브란스의 정신을 이어받아 의료 소외지역에 의료와 복음을 전파하여 사랑을 실천하는 의료선교기관이 된다.

이를 위해 모든 구성원은 상호 존중하는 성숙한 인격과 책임의식을 갖춘 전문가가 되고, 진취성과 실천력을 겸비한 지도력을 발휘하여 열정과 창의가 살아 숨 쉬는 연세의료원을 만들어나갈 것을 다짐했는데, 한목소리로 읽은 실천결의문은 감동이었고, 20년이 지난 지금도 연세의료원 구성원들의 주요지침이 되고 있다. “우리는 전문병원, 첨단진료를 중심으로 환자에게 양질의 진료를 제공하고 환자중심 병원으로 고객을 섬긴다. 우리는 최고의 의학교육기관으로서 다양한 의학 전문 지식과 최신 기술을 습득하고, 인격을 도야할 수 있는 교육의 장을 만든다. 우리는 창의적인 사고를 중시하고 새로운 연구 활동을 추구하는 조직문화를 만든다. 우리는 사랑을 실천하는 의료선교기관이 되기 위해 국내외 의료소외지역에 의료와 복음을 전한다. 우리는 성숙한 인격을 갖추어 타직종의 특성과 전문성을 이해하고, 서로 존중하며 협력한다. 우리는 유구한 역사와 전통을 되살려 최고의 의료기관을 유지하기 위하여 최선의 노력을 다한다.”

사명과 비전이 정해지고 선포식을 한 이래로 연세의료원의 모든 구성원이 그 내용을 숙지하고 체화시킬 수 있도록 엘리베이터와 사무실마다 깔끔한 액자 형태로 부착했다. 세브란스의 공식 행사를 위한 순서지와 발행하는 책자, 그리고 소식지의 눈에 띄는 부분에는 세브란스의 사명을 지속적으로 명시했다. 사명과 비전을 선포한 이후 세브란스의 가장 큰 변화는 문화가 달라진 것이었다. 각종 기도 모임에 대한 냉소적인 분위기가 사라졌다. 교수들의 성경공부나 직원들의 말씀 묵상(Quiet Time) 모임이 활발해졌다. 무엇을 위해서 일하는 것인지, 어떻게 일해야 하는 것인지, 궁극적으로 어디에 도달해야 하는 것인지 구성원 전체가 확인했기에 한마음으로 함께 노력할 수 있었다. 당시로는 전문컨설팅 회사에 적지 않은 비용을 들여서 만든 사명과 비전이었지만, 결과적으로 연세의료원이라는 거대한 기관을 움직이는 키를 만든 것이 되었다.

나는 매년 30명 내외의 신임교원에 대해서 종교 상황을 직접 면담하며

제 4 0 2 호 연 세 대 학 교 의 료 원 소 식 광혜원 115년 11월 29일(월요일)【5】

비전선포 기념특집

의료원 미션 및 비전선포식 화보

◇서로 버튼을 달아주고 있는 직원대표와 기관장들.

◇행사장 내부 전경. 사회는 손범수아나운서가 맡아 진행했다.

◇비전을 선포하고 있는 한동관 의무부총장겸 의료원장

◇비전을 축하하기위해 참석한 이경호 보건복지부 기획관리 실장(왼쪽 첫 번째)를 비롯한 내외빈들.

◇학생들의 교육부문 비전에 대한 질의에 답하고 있는 백광세 의과대학장.

◇내빈들에게 꽃을 달아주고 있는 행사도우미.

◇비전선포식장인 백주년기념관 전면에 내걸린 대형 현수막.

◇박창일 기획조정실장이 비전내용을 설명하고 있다.

비전선포식

그들의 마음가짐을 확인하고 있다. 연세대학교 의과대학, 치과대학, 간호대학의 교수로 결정되면, 자기 일을 공적으로 하기 전에 의료원의 원목실장 겸 교목실장과 면담을 하는 통과의례가 있기 때문이다. 신임교원 가운데는 개신교 신도도 있고, 가톨릭 신도도 있으며, 가끔 불교 신도도 있다. 물론 제일 비중이 큰 것은 무종교자로서 50%에 육박한다. 나는 면담하는 신임교원 한 사람 한 사람에게 종교와 상관없이 교수로 선택되었다는 것은 연세의료원의 사명과 비전에 합류할 것을 약속한 것이기 때문에 이제 사명과 비전을 위해서 자신의 능력과 열정을 다해줄 것을 강조한다. 그리고 서약한 내용대로 일할 것을 당부한다. "본인은 근무기간 중 연세의료원 창립 정신인 기독교 정신에 위배됨이 없이 행동할 것과 아울러 사랑과 봉사의 정신으로 일할 것을 서약합니다." 지난 6년 동안 내가 연세의료원에서 일하면서 경험한 것은 신앙 여부와 상관없이 기독교적인 정체성과 기독교적인 문화를 부정하거나 거스르는 기관장은 한 사람도 없었다는 것이다. 그것은 감동인 동시에 매우 자랑스러운 사실이라 말할 수 있다.

어느 날 나는 의과대학 학장을 역임하셨던 교수님을 엘리베이터 안에서 우연히 만났다. 그분이 나에게 차 한 잔을 할 시간이 있느냐 물으시기에 내 방으로 모셔서 대화를 나누게 되었다. 그분은 대뜸 나에게 고백할 것이 있다고 말씀하셨다. "목사님, 저는 원래 종교가 없던 사람이었습니다. 그런데 의과대학 학장으로 임명을 받게 되었습니다. 임명을 받자마자 의과대학의 전통 위에서 일해야겠다는 생각으로 세브란스의 창립 이래 최근

아프리카 케냐에서 의료봉사하는 강남세브란스 의료진

역사에 이르기까지 관련된 서적들을 닥치는 대로 읽었습니다. 많은 책을 읽다 보니 우리 세브란스와 의과대학의 역사는 기독교 선교사의 헌신과 열정으로 출발했고 기독교 정신으로 운영해왔으며, 지금도 기독교적 가치를 실현하기 위해서 일하는 기관임을 알게 되었습니다. 저는 우리 기관에서 기독교의 '기'자만 빠져도 안 된다는 것을 알게 되면서 교회를 다니기 시작했습니다. 그리고 세례를 받았으며, 아내와 자녀들까지 교회에 출석하는 기독교 신앙인 가족이 되었습니다. 제가 학장이 된 것도 하나님의 은총이었지만, 그것이 계기가 되어 저희 가족 모두가 기독교 신앙인이 된 것은 하나님의 특별한 은총이자 계획이며 선물이었습니다." 이처럼 세브란스의 모든 구성원은 기관의 사명과 비전을 언제나 기억하고 되새김질을 하면서 일하기 때문에, 세브란스는 세상 끝날 때까지 기독교적인 자기 정체성을 넉넉히 지켜나갈 것이라고 확신한다.

매년 '세브란스 의료선교의 달'을 통해 사명을 확인하는 세브란스

2001년 5월 3일 연세의료원은 창립 정신인 개척 정신, 기독교 정신, 협동 정신 가운데 제일은 기독교 정신에 있음을 확인하면서 그동안 산발적으로 진행되었던 원내외 선교활동들을 보다 체계적이고 장기적이며 집중적인 지평에서 전개하고자 의료선교센터를 만들어 문을 열었다. 당시 연세의료원은 의료선교센터를 개원하며 의료선교의 사명에 대해서 다음과 같이 선언했다. "연세의료원은 의료선교기관으로서 하나님 앞에서 다음과 같은 사명을 가지고 일한다. 첫째, 우리 기관이 의료선교의 사명을 가진 영적 공동체임을 모든 교직원 및 동문, 학생이 체험하도록 한다. 둘째, 한반도의 의료소외지역 사람들을 위한 선교활동을 한다. 셋째, 세계복음화를 위하여 해외 선교활동을 한다. 넷째, 전문 의료선교인력을 양성하며 관련 연구를 수행한다."

의료선교센터는 연세의료원 의료선교 사명의 선언이 그저 말뿐인 선언으로 그치지 않고 명실상부한 사명이 될 수 있도록 사명을 감당해야 할 구성원들이 영적 공동체의 일원임을 자각하게 하는 방안을 모색했다. 그 일환으로 2001년 10월 29일부터 11월 9일까지 2주의 기간을 '연세의료선교주간'으로 선포했다. 첫 번째 연세의료선교주간에 이루어졌던 주요 행사는 이미 시작된 이전의 행사로 제11회 '세브란스 기독인의 밤'과 제2회 '세브란스 찬양경연대회'였다. 여기에 '의료선교와 연세의료원'이라는 주제 아래 국내에서 의료선교 활동을 하는 선교단체 및 교회들과 선교적 연대 및 공동 활동을 모색하는 '의료선교세미나'가 있었고, 몽골 연세친선병원의 이사장 전의철 선교사를 교직원예배의 강사로 초청하여 '의료선교사와 함께 하는 채플'을 진행했다. 아직 신앙을 가지지 않은 학생들을 대상으로 기독교 복음과 세브란스의 설립 정신을 공유하고자 의과대학, 치과대학, 간호대학의 기독학생모임이 주관한 '길을 찾은 사람들, 길을 찾는 사람들' 행사가 있었고, 신앙이 없는 교직원들을 초청하여 그들과 의료원의 나눔 사역과 복음전파의 여정 그리고 향후 방향 등을 공유하고자 '세브란스, 그 처음의 빛으로'라는 행사가 있었다.

2002년에는 11월 11일부터 15일까지 한 주간을 '제2회 연세 의료선교주간'으로 선포하고 특별히 몽골 선교 10주년의 의미를 되새기는 데 집중했다. 지구촌교회 이동원 목사가 메시지를 전한 '세브란스 기독인의 밤'을 필두로 '의료선교사들과 함께 한 채플'의 교직원예배에서는 몽골 연세친선병원장인 박돈상 선교사가, 학생채플에서는 박진용 선교사가 생생한 선교 활동을 전했다. 의, 치, 간 기독학생들이 주관한 행사 '길을 찾은 사람들,

길을 찾는 사람들'은 학생들의 축제 한마당으로 자리를 잡았고, '몽골 선교의 밤'에서는 몽골 선교 10주년 영상의 상영과 함께 몽골국립의대와의 협력 현황에 대한 보고, 몽골국립의대 아마르새흥 교수의 신앙 간증, 그리고 강진경 의료원장의 관계자들에 대한 감사장 전달 등으로 이어졌다. 의료선교주간의 하이라이트는 기관별로 합창단을 조직하여 준비하는 과정에서부터 대회 자체에 이르기까지 열띤 관심 가운데 진행되는 제3회 '세브란스찬양경연대회'였다. 11월 15일 금요일 오후 5시 연세대학교 백주년기념관을 꽉 채운 '세브란스찬양경연대회'는 15개 참가팀이 우열을 가리기 어려울 정도의 경합을 하며 각 기관의 공동체성과 헌신성을 확인하는 가운데 막을 내렸다.

드디어 연세의료원과 의료선교센터의 관계자들은 '연세의료선교주간'을 2년 동안 진행한 경험을 토대로 2003년부터는 11월 한 달 전체를 '의료선교의 달'로 선포하고, 각종 행사들을 진행했다. 11월 4일 화요일 오후 6시 백주년기념관에서 '제4회 세브란스찬양경연대회'가 교직원 800여 명의 참가 가운데 '의료선교의 달' 서막을 장식했다. 11월 7일 금요일 오후 2시 30분 의대강당에서 '간호부 예배'가 있어 간호사들의 사명을 다짐했고, 11월 10일 월요일 오후 6시 의대강당에서 '제13회 세브란스 기독인의 밤'을 통해 기독인의 연대를 확인했다. 11월 11일 화요일 종일행사 '이벤트데이'는 이전에 없었던 행사로서 모든 교직원이 각자의 가족이나 동료, 또는 평소에 마음에 담고 있던 사람들과 사랑과 용서의 마음을 전하는 날로 시도한

세브란스 의료선교의 달 교수성가단 공연

행사였다. 11월 17일 토요일 오후 6시 영동세브란스 2층 강당에서는 '제17회 영동세브란스 기독인의 밤'이, 11월 19일 수요일에는 '의료선교채플'이 있었다. '의료선교채플'로 열린 오전 8시 의대강당 교직원예배에서는 1960년 캐나다에서 선교사로 파송된 서미혜 선교사가, 오전 11시 의대강당 학생채플에서는 우즈베키스탄에서 의료선교활동을 펼치는 의과대학 안신기 교수가 말씀을 전했다. 11월 22일 목요일 오후 6시 의대 1학년 강의실에서는 '제3회 길을 찾은 사람들, 길을 찾는 사람들'이, 11월 24일 월요일 오후 2시 영동세브란스 2층 강당에서는 '영동 간호부 예배'가 있었다. 11월 27일 목요일 오후 3시 30분 종합관 401호 강의실에서는 '의료선교의 달' 마지막 행사로 '21세기와 의료선교의 방향'이라는 주제 아래 '의료선교세미나'가 개최되었는데, '의료선교의 새로운 패러다임', '교회사적 관점에서 본

21세기와 의료선교의 방향', '의료인의 관점에서 본 21세기와 의료선교의 방향' 등의 강연과 '북한 보건의료 상황과 유진벨 결핵퇴치사업'에 대한 발표가 진행되었다.

'세브란스 의료선교의 달'은 내가 연세의료원에 원목실장 겸 교목실장으로 취임한 2014년에는 하박국 3장 2절을 주제 성구로 '다시 새롭게 하소서'라는 표어 아래 진행되었고, 2015년에는 히브리서 12장 1절을 주제 성구로 '새로운 130년, 세브란스인의 믿음의 경주'라는 표어 아래 진행되었다. 2016년에는 에베소서 2장 20~22절을 주제 성구로 '함께 세워가는 하나님 나라, YONSEI人 in AFRICA'라는 표어 아래 진행되었고, 2017년에는 로마서 13장 8절을 주제 성구로 '함께 지는 사랑의 빚, WORLD人 in YONSEI'라는 표어 아래 진행되었다. 그리고 2018년에는 요한일서 1장 3절을 주제 성구로 '일어나 함께 가자, TOGETHER in MISSION'이라는 표어 아래 진행되었고, 2019년에는 골로새서 1장 24절을 주제 성구로 '함께 나누는 고난 커져가는 하나님 나라, TOGETHER in Suffering'이라는 표어 아래 진행되었다.

의료선교센터는 몇 달 전에 미리 '의료선교의 달 준비위원회'를 구성하고, 전체 교직원을 대상으로 주제 성구와 표어를 응모하도록 안내한다. 그 중 제일 좋은 것을 선정하는데, 우리 세브란스인들이 '의료선교의 달'을 위해서 기도로 준비하며 협력하는 모습은 실로 아름답고 숭고하기까지 하다. 의료원 캠퍼스와 병원 전 구역에는 '세브란스 의료선교의 달'이 진행되는 한 달 내내 가로 길이가 긴 현수막과 네모난 플래카드가 홍보와 함께 교직원 각자의 선교열정을 고취시킨다. 요즈음 '세브란스 의료선교의 달'에 이루어지는 주요 행사들은 초창기의 틀을 그대로 유지하면서 진행되고 있다. 거기에다 선교사나 선교활동 관계자를 초청하는 특강이나 대담의 형태로 '함께 나누는 선교 이야기 Mission Talk'이 신설되었고, 상황에 따라서 '치과대학/치과대학병원 의료선교 및 봉사활동 발표회'(2014년), '연세의료원 창립 130주년 선교활동 사진전'(2015년), '아프리카 사진전, 세브

세브란스 의료선교의 달 Mission Talk

세브란스 의료선교의 달 찬양축제

란스 의료봉사활동 사진전'(2016년), '맥라렌 교수 기념 사진전'(2017년) 등의 특별한 이벤트가 추가되고 있다.

어느덧 20년의 역사가 축적되어 이제는 연세의료원 내에서 확실하게 자리를 잡은 '세브란스 의료선교의 달'은 우리나라에 많은 기독교 기관들이 있지만, 어느 기관도 흉내 내기 쉽지 않은 전통이라 여겨진다. 내가 볼 때, '세브란스 의료선교의 달'은 교수직을 포함해서 다양한 직종의 교직원들이 의료원의 정체성을 확인하고 기독교 정신을 회복하는 시간이다. 학생들의 경우에는 초창기 의료선교사들의 행적을 더듬어보며 고고한 역사를 계승하겠다고 결단하는 시간이다. 하나님이 주인이신 연세의료원의 청지기로 부름받은 것을 확인하고 분에 넘치는 일터에서 기독교 정신을 담아 예배를 드리는 심정으로 일해야 함을 도전하는 시간이다. 신앙을 가진 구성원과 아직 신앙이 없는 구성원들 사이에 상호 소통하며 사랑과 용서, 화해와 협력을 경험하는 시간이다. 내가 연세의료원의 원목실장 겸 교목실장으로 취임해서 '선교사와 함께 하는 교직원 채플'을 한 주에서 세 주로 강화한 것이나 '교수성가대 정기공연'을 의료선교의 달 행사 가운데 하나로 자리를 잡도록 한 것은 나의 작은 보람이다.

“ 찬양음악이 울려 퍼지고 성경구절이 가슴을 파고드는 세브란스 ”

나는 매일 아침 안산 자락을 걸으며 출근을 한다. 숲을 지나는 동안 흔들리는 나뭇잎들에게 다정한 아침인사를 받고, 온갖 새들의 합창과 신선한 공기를 즐기면서 살아 있음의 기쁨을 만끽한다. 고풍스런 연세대학교 본교 캠퍼스에 들어오게 되면 분에 넘치는 대학의 일원이라는 사실로 인해서 감사가 우러나온다. “어찌 나 같이 부족한 사람이 136년 연세 역사의 일부가 될 수 있단 말인가.” 그리고 이어지는 의료원 캠퍼스에 들어서면 제일 먼저 가로등 기둥의 스피커에서 흘러나오는 은은한 찬양음악을 듣게 된다. 찬송가와 CCM으로 구성된 찬양음악은 가사 없이 곡만 들리지만, 우리에게 익숙한 것들이기에 곡과 함께 가사가 마음에서 곧바로 울려 퍼진다.

아마도 가사가 나오지 않는 것은 누구에게나 부담 없이 들리기를 원하는 세브란스병원의 배려라고 여겨진다. 세브란스를 찾아오는 환자나 내원객 가운데는 그리스도인만 있는 것이 아니라 비그리스도인도 있기 때문이다. 나의 소견으로는 그리스도인들에게는 가사 없는 찬양음악이 더 애절하게 느껴질 수 있을 것 같고, 비그리스도인들에게는 음악 자체가 주는 힐링과 안정감을 느끼도록 하는 것 같다. 찬양음악은 키보드나 피아노로 연주되다가 사이사이에 바이올린 연주곡들이 배치되어 있다. 어느 한 유형의 찬양음악들로만 한정되어 있지 않고, 끊임없이 변화를 주는 것 역시 참 좋다.

사실 찬양음악이 가로등 스피커에서만 들리는 것은 아니다. 병원 로비에서도, 각 병동에서도, 심지어는 엘리베이터 안에서도 들린다. 세브란스 병원 전체에서 동시다발적으로 들린다고 하면 틀림이 없다. 그러나 아침 6시부터 저녁 8시까지 이어지고 있는 찬양음악이 누구에게나 동일하게 들리는 것은 아니다. 전혀 의식하지 못하고 지나가는 사람도 있기 때문이다.

사랑챔버 합주단의 로비공연

제중관으로 가는 통로 창문의 성경구절

하여튼 귀를 기울여 듣고자 하는 사람에게는 틀림없이 들리고, 운이 좋은 사람에게는 불현듯 들리는 것이 세브란스의 찬양음악이다. 이렇게 들리는 찬양음악은 질병으로 고통당하는 환자에게는 위로와 격려가 되고, 우울한 사람에게는 감동과 도전이 되며, 절망하는 사람에게는 희망과 기쁨이 된다. 세브란스병원을 방문하는 환자나 가족들에게 "세브란스에서 찬양음악이 울려 퍼져서 참 좋다."는 이야기를 종종 듣는다.

세브란스병원 원내를 다니다 보면 여기저기 의미심장한 성경구절들이 눈에 띄인다. 우리 원목실의 교역자들이 환자와 내원객들, 그리고 교직원들을 고려해서 성경 구절들을 엄선하여 추천하면, 병원의 관계자들이 다각적으로 검토해서 창문과 벽 그리고 천정에 부착한 것들이다. 세브란스병원 본관에서 연세암병원으로 이어지는 통로의 위치인 제중관 5층 창문에는 "사랑하는 자여, 네 영혼이 잘됨 같이 네가 범사에 잘 되고 강건하기를 내가 간구하노라."라는 요한 3서 1장 2절의 말씀을 필두로 "세상에서는 너희가 환난을 당하나 담대하라. 내가 세상을 이기었노라."라는 요한복음 16장 33절의 말씀이 부착되어 있다. 또한 몇 발자국 더 가면 "우리가 환난 중에도 즐거워하나니, 이는 환난은 인내를, 인내는 연단을, 연단은 소망을 이루는 줄 앎이로다."라는 로마서 5장 3절과 4절의 말씀이 부착되어 있다.

또한 주변 경치가 한눈에 들어오는 연세암병원 7층에 가면 정원 바깥 편 유리벽면에 몇몇 성경 구절이 발견된다. 그중 하나만 소개하면, 시편 46편 1절 말씀이다. "하나님은 우리의 피난처시요 힘이시니 환난 중에 만날

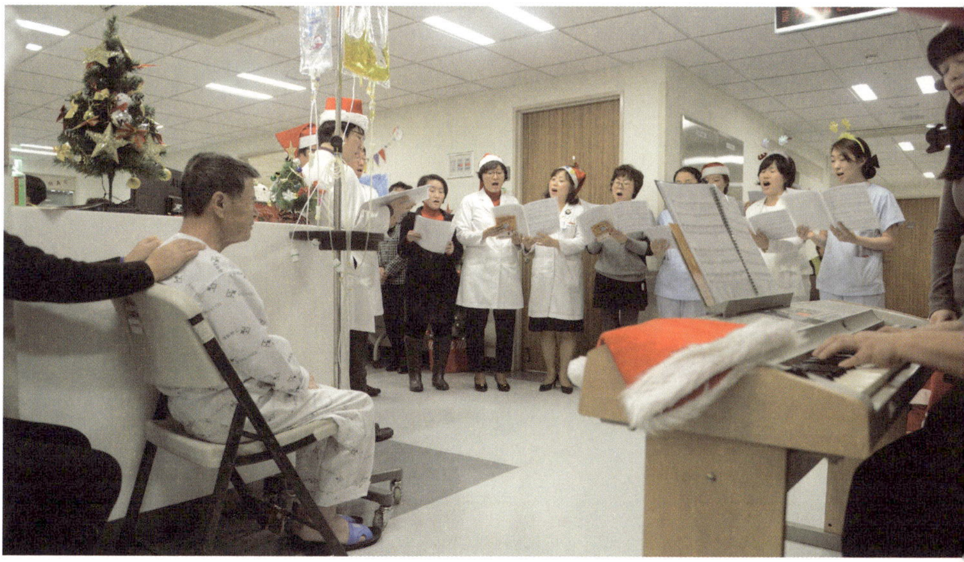

완화의료센터 환자들을 위한 교직원들의 찬양음악

큰 도움이시라." 암이라는 절망적인 질병에 직면한 환자들에게 힘을 주려는 의료진의 마음이 고스란히 담겨 있다. 암병원을 찾아온 암 환자들은 눈에 들어오는 성경 말씀을 예사롭게 읽지 않고, 자신을 위한 말씀으로 받아들여 위로받고 힘을 얻는다. 뿐만 아니라 의료진도 생명이란 것이 의료 기술에만 달려 있는 것이 아니라 생명의 주인이신 하나님께 온전히 달려 있음을 새삼 확인하며 치료에 임하게 된다.

이들 성경 구절 가운데 백미는 뭐니 뭐니 해도 모든 수술실 입구와 천장에 부착되어 있는 이사야서 41장 10절의 말씀이다. "두려워하지 말라, 내가 너와 함께 함이라." 이 말씀을 읽는 모든 수술 환자는 예외 없이 이 말씀이 두려운 가슴 속에 깊숙이 파고들어 꿈틀대는 것을 경험한다고 말한다. 아무리 신심이 뛰어난 환자라 할지라도 마취를 하고 수술을 할 때면 자신이 과연 다시 깨어날 수 있을지, 수술은 순조롭게 진행될지, 건강을 회복해서 일상생활로 돌아갈 수 있을지를 염려하게 되기 때문이다. 그러나 이 말씀 앞에서 자신과 함께 하시는 그분께 모든 것을 내어 맡기며 담대하게 수술실 안으로 들어갈 수 있다는 것이 수술 환자들의 공통된 고백이다. 나는 세브란스병원이 기독교 병원으로서의 자기 정체성을 찬양음악과 성경 구절로 확고히 하면서 누구에게도 부담되지 않게 세련되게 다가가는 것이 정말 좋다.

“수술을 집도하는 의료진이 수술 환자를 위해 직접 기도하는 세브란스”

기도는 모든 신앙인에게 영적인 호흡이다. 인간이 공기를 호흡하지 않고 살 재간이 없듯이, 신앙인이 기도하지 않고 신앙인다울 수는 없다. 우리 기독교인은 어떤 기도든 대개 아멘으로 마무리한다. 아멘은 진실하다, 믿는다, 돌본다는 의미를 담고 있다. 이 때문에 내가 하나님 앞에서 기도한 내용은 마음과 뜻과 정성을 다해서 거짓 없이 진실하게 구했다는 것, 하나님께서 내가 기도한 내용을 선하게 이끌어주시리라고 믿는다는 것, 내가 기도한 내용에 대해서 하나님께만 떠맡기지 않고 스스로 책임 있게 돌보겠다는 것을 전제하지 않고서는 아멘할 수가 없다. 흔히 초보적인 신앙인들은 자신의 이해관계를 중심으로 하나님께 요구하는 기도에 머물지만, 성숙한 신앙인들은 하나님의 뜻을 헤아리며 자신의 헌신을 결단하는 기도로 나아간다.

우리 세브란스병원에서는 1885년 광혜원, 제중원 개원 이래로 의료선교사들에 의해서 환자를 위한 기도가 이루어졌고, 1901년 원목실이 만들어

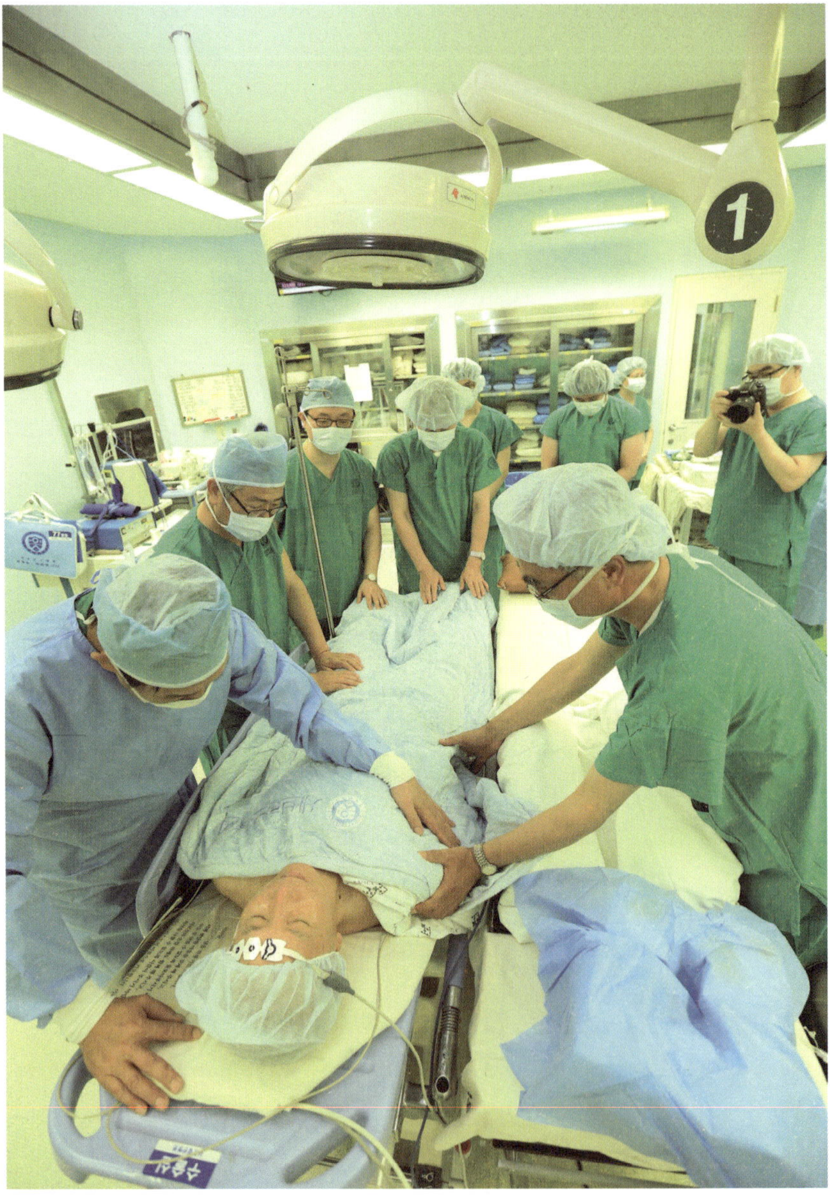

수술실에서 기도하는 집도 의료진

지면서부터는 교역자들이 환자를 심방하며 병실에서, 기도실에서, 또는 예배실에서 기도하는 일이 일상이 되어 왔다. 기독교 의료기관에서 환자를 위해서 기도하는 것은 매우 자연스러운 일이다. 특별히 수술을 기다리는 환자들의 경우 그들이 느끼는 두려움과 긴장, 스트레스가 적지 않기 때문이다. 부활의 소망이 분명한 신앙인이라도 수술 전에는 그 점에서 크게 다르지가 않다. 몇 년 전까지만 해도 우리 원목실 교역자들은 수술하는 환자에 대해서 수술 전날에는 병실을 방문해서 1차로 기도했고, 수술 당일에는 수술대기실에서 2차로 기도하면서 수술받으려는 환자들을 위로하고 격려했다.

그러나 2013년 7월 5일부터 우리 세브란스병원에서는 '기도로 함께하는 의사 프로젝트'를 구축하여 의료진 개인이 선택적으로 시행하던 기도를 공식적인 차원의 기도로 전환했다. 원목실 교역자 중심의 기도에다 의료진의 기도를 더 함으로 기도 자체를 강화한 셈이다. 의사가 환자를 붙잡고 기도하는 상징적인 행위를 통해서 기독교 의료기관의 정체성을 보다 확고히 하자는 것이 동기였고, 육체적으로나 심리적으로 또는 영적으로 약해진 환자들로 하여금 심리적이고 영적인 안정감과 의료진에 대한 신뢰감 속에서 수술을 잘 받게 하자는 것이 목적이었다. 이 프로젝트는 원목실과 의료진이 6개월 동안 의견을 수렴하고 면밀히 준비해서 시작했다. 지금은 연세의료원 산하 모든 수술실에서 예외 없이 동시다발적으로 시행되고 있다.

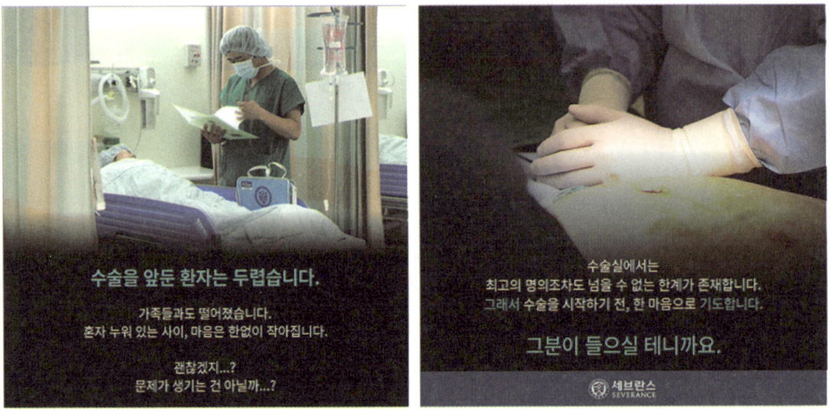

수술실 기도 홍보사진

기도의 절차는 다음과 같다. 수술대기실에 상주하는 원목실 교역자가 수술을 받기 위해 대기하는 환자에게 이렇게 말씀드리며 다가간다. “저는 원목실 교역자입니다. 수술을 위해서 기도해드릴까요?” 환자가 원한다고 대답하면, 교역자는 성공적인 수술과 환자의 쾌유를 위해서 간절히 기도한다. 그리고 환자가 수술실에 들어가기 전에 다시 묻는다. “우리 병원은 기독교 의료기관이라서 의료진이 수술실에서 환자와 수술을 위해 직접 기도를 하지요. 혹시 원하시나요?” 환자가 원한다고 응답하면, 교역자는 환자 이동정보 팻말에 기도요청 스티커를 부착함으로 수술실 의료진이 인지하게 한다. 어쩌다 한두 환자 말고는 거의 모든 환자가 기도를 원한다고 응답하는데, 심지어는 스님들조차 종교를 떠나서 기도를 요청하고 있다고 한다.

환자가 수술실에 들어가면 마취과 의사를 먼저 만난다. 마취과 의사는 기도를 요청한 환자에게 자신을 소개한 후에 이렇게 기도한다. "하나님, 아무개님을 위해 기도드립니다. 이제 편안한 마음을 갖게 해 주시고, 수술 잘 받을 수 있도록 돌보아 주시기 바랍니다. 의료진의 손길 위에도 함께 해 주시고, 최선을 다할 수 있도록 이끌어주시기 바랍니다. 예수 그리스도의 이름으로 기도합니다. 아멘." 환자들은 마취과 의사의 기도에 대해 이런 소감을 밝히곤 한다. "수술 후에 마취에서 깨어나지 못하면 어떻게 하나 불안했는데, 마취하기 직전에 의사 선생님이 직접 기도해주시니 짓눌린 마음과 불안이 사라졌어요. 의료진에 대한 신뢰감이 생기면서 편안하게 수술을 받을 수 있었어요." 드디어 환자가 마취 상태에 이르면, 수술 집도 의료진은 한 번 더 기도한다. "하나님, 이제 수술을 시작하려고 합니다. 처음부터 끝까지 저희와 함께해 주시고, 수술 잘 마칠 수 있도록 도와주시기 바랍니다. 예수 그리스도의 이름으로 기도합니다. 아멘."

수술이란 환자 당사자는 물론이고 수술을 집도하는 의료진도 긴장하며 두려워하지 않을 수 없는 순간이다. 우리는 생명을 주시고, 그 생명을 주관하시는 절대자 하나님께 의지할 수밖에 없다. 기독교 신자가 아닌 의료진도 수술실에서만은 생명에 대한 경외감과 함께 인간 스스로 생명을 좌지우지할 수 없음을 종종 고백한다. 상식적으로 쉬운 수술이라도 어렵게 진행될 때가 있고, 거의 기대하기 어려운 상태의 수술이었는데도 생명이 소생하는 기적을 종종 경험하기 때문이다. 나는 우리 세브란스 수술실에서 하루도 예외 없이 기도하고 있다는 것이 감사하다. 특히 의료진이 드리는 기도는 우리 세브란스를 설립하고 운영하는 궁극적인 주인이 우주 만물을 창조하시고 우리에게 생명을 주신 하나님이라는 사실, 우리 세브란스의 의료진과 모든 구성원은 생명을 살리는 일을 위해서 하나님께 부름을 받았다는 사실, 무엇보다 우리 세브란스는 하나님의 사랑으로 운영하는 기독교 정체성의 의료기관이라는 사실을 고백하는 선포가 되기 때문이다.

생명의료윤리포럼을 운영하는 세브란스

"인류를 질병으로부터 자유롭게 한다."는 것은 모든 의료기관이 공통적으로 지니고 있는 사명이라 말할 수 있다. 그러나 기독교 대학이 운영하는 의료기관이 일반 의료기관들과 다른 것은 "하나님의 사랑으로" 그 사명을 감당한다는 데 있다. "하나님의 사랑으로"는 하나님에 대한 사랑과 함께 하나님께서 사랑하시는 사람에 대한 사랑을 포함한다. 이는 예수께서 율법과 선지자의 강령이라고 말씀하셨던 "하나님 사랑"과 "이웃 사랑"에 상응한다(마 22:37–40). 하나님에 대한 사랑(하나님 사랑)과 하나님께서 사랑하시는 사람에 대한 사랑(이웃 사랑)은 동전의 양면과 같아서 어떤 경우에도 분리될 수 없는 특징을 가지고 있다.

병원이란 곳은 우리가 사랑해야 할 사람들의 생로병사가 동시다발적으로 일어나는 생명의 현장이다. 산부인과 병동에서는 매시간 아기들이 태어난다. 각종 진료실에서는 질병으로 고통당하는 사람들이 적합한 치료 방법을 찾기 위해서 분주하다. 응급실과 중환자실에서는 생명이 위급한 환자들이 대개는 기계에 의존해서 생명을 이어간다. 장례식장에서는 유가족과 지인들이 고인(故人)의 죽음을 슬퍼하고 안타까워하며 이별한다. 이러한 생로병사의 현상은 거의 모든 병원에서 매일 일어나는 일상인데, 그 일상의 이면적 동기는 사람에 따라서 매우 다른 양태를 지닐 수밖에 없다.

사람의 생명은 언제 시작되는 것으로 보아야 하는지, 사람의 생명이 지니고 있는 의미는 무엇인지, 사람에게 고통을 야기하는 질병의 원인은 무엇인지, 질병으로 인한 사람의 고통은 부정적이기만 한 것인지, 의료진은 사람의 생명을 연장하는 것과 고통을 줄이는 것 사이에서 어디에 무게중심을 더 두어야 하는지, 의료보험의 혜택을 어떤 기준으로 배분해야 할지, 한정된 기금 가운데 중증 환자의 치료나 경증 환자의 치료 또는 건강한 사람의 질병 예방 등 어디에 우선순위를 두어야 할지, 죽음은 언제나 피하기만 해야 하는 것인지, 죽음의 의미는 무엇이며 죽음 이후는 아무 것도 존재하지 않는 것인지 등의 질문에 대해서 자기 대답을 가진 의료인이라야 의료 현장에서 의료 행위를 당당하게 수행할 수 있지 않을까 싶다.

2015년 가을 강남세브란스의 전체 교수회의가 끝나고 회식을 하는 자리였다. 한 잔씩 나누는 화기애애한 자리에서 약간은 풀어진 것처럼 보이는 한 교수가 나를 찾아와서 말을 건넸다. "목사님, 우리 병원이 기독교 병원이라고 말하는데, 우리 의료진들이 진료나 치료하는 과정에서 지켜야 할 기독교적인 어떤 원칙이나 기준이 있습니까? 저도 의사이지만 의사들 각자의 지식과 경험만으로 진료하며 치료하고 있는 것은 아닙니까? 그렇다

생명의료윤리포럼의 강연장

면 기독교 병원이라는 우리 세브란스병원이 다른 병원들과 다른 것이 있다면 무엇입니까?" 이 말을 들으며 연세의료원의 기독교적 정체성을 위해서 노력하겠다고 작정한 나로서는 주먹으로 한 대 세게 맞은 것 같은 느낌을 받았다.

이때 받은 도전을 가까이 만나는 의과대학의 몇몇 교수와 나누었다. 우리는 진지한 논의를 거쳐 2016년 초에 드디어 '연세의료원 생명의료윤리 포럼'을 출범시켰다. 회의비와 운영비, 원내 구성원들에 대한 공지와 포럼의 준비는 우리 원목실이 감당하기로 했다. 우리는 먼저 뜻을 함께할 수 있는 분들을 초대해서 운영위원회를 구성했다. 의과대학에서는 호스피스 전문 활동을 해온 이창걸 교수, 의료선교센터 소장인 안신기 교수, 의료윤리학자인 이일학 교수, 치과대학에서는 의료윤리학을 강의하는 권호근 교수와 정회인 교수, 간호대학에서는 의료윤리에 관심 많은 김상희 교수, 외부기관 전문가로서는 연세대 로스쿨의 남형두 교수, 서울대 의료윤리학 교수인 김옥주 교수, 내부 기관 전문가로서는 사회사업팀의 최경식 파트장, 간호국의 신혜경 파트장, 그리고 기독교윤리학자로서 포럼을 제안한 나까지 11명의 운영위원은 머리를 맞대고 한 학기 한 번 개최하는 운영위원회를 통해서 포럼의 방향과 일정을 잡고 있다.

학기 중 매달 두 번째 목요일 오후 4시에서 5시 30분 사이에 종합관 교수회의실이나 본관 세미나실에서 포럼을 개최하고, 포럼에 참가한 교직원

생명의료윤리포럼의 프리젠테이션 슬라이드

들에 대해서는 0.5점의 교육학점을 부과하는 '연세의료원 생명의료윤리포럼'은 2016년 3월 10일 '생명의료윤리의 기독교적 비전'이라는 제목의 나의 특강으로 출발했다. 계속해서 '진실을 숨기는 것은 거짓말인가?'(안신기 교수), '기업이 된 의료기관과 의사의 윤리: 치과 분야를 중심으로'(권호근 교수), '진료를 위한 직역 간의 협력: 전공의와 간호사의 경우'(김상희 교수), '임상시험과 임상진료의 불안한 경계'(김승민 교수), '품위있는 죽음에 대한 호소와 의료진의 역할'(이창걸 교수), '공포시대의 관용과 돌봄: 메르스 치료의 윤리'(김옥주 교수), '하나님의 돕는 손으로서의 의료선교'(이민걸 교수)라는 제목의 특강으로 이어졌다. 연세의료원 내에서 작은 반향을 일으켰고, 생명의료윤리포럼의 좋은 강의를 의과대학 학생들이 원하면 언제든지 공유할 수 있도록 영상으로 제작해줄 것을 의과대학 학장으로부터 요청받게 되었다.

2017년 포럼은 의학적 맥락에서 객체로 전락하기 쉬운 환자들의 '인격'(Personhood)을 주제로 선택과 책임의 주체성 문제에 집중하기로 했다. 의료란 의료기술을 단순히 수행하는 것이 아니라, 환자의 인격을 회복시키고 존중할 수 있도록 해야 하기 때문이다. '기독교 생명의료윤리와 인간 이해'(정종훈 교수), '환자인가 고객인가, 법학적 관점에서 본 의료행위'(남형두 교수), '어떻게 환자의 인격을 존중할 것인가, 간호영역에서 인격적 돌봄'(신혜경 파트장), '복지수혜 클라이언트의 인격적 돌봄'(최경식 파트장), '요양병원에서 환자를 돌보는 일, 노인의학 분야의 의사결정'(김창오 교수), '중독 정신질환의 충동조절'(정영철 교수), '국제보건 분야 협력의 문제, 지카, 에볼라 그리고 메르스'(서원석 교수), '사람의 통일을 위한 세브란스의 역할'(전우택 교수), '임종과정의 윤리문제, 연명의료결정법과 의료'(최혜진 교수) 순서로 일 년의 포럼이 이루어졌고, 방학인 7월에 한 번 더 포럼을 개최하는 열정을 발휘했다.

2018년 포럼의 주제는 '돌봄'(Care)이었다. 고통받는 하나님의 형상을 돌보는 사명을 맡은 의료진이 돌봄에 관해서 살피는 것은 오늘의 의료환경에서 시의적절한 것이라 보았기 때문이다. '기독교의 영적인 돌봄과 전인 치유'(정종훈 교수)로 시작해서 '하나님의 손과 사회적 제도 사이에서 변화하는 의료환경의 도전'(권복규 교수), '하나님이 아니라 우리 손이 짧을 때 연명의료 결정과 임종환자 돌봄'(김영삼 교수), '의료의 고질인가 한계인가: 의료인의 도덕적 고뇌에 대한 검토'(김상희 교수), '돌봄의 주체로, 돌봄의 대상으로: 가족에 대한 검토'(신성식 기자), '관심도 전송이 되나요: 온라인 서비스와 돌봄'(남형두 교수), '몸과 영혼을 섬기는 일: 전인 치유의 도전'(안신기 교수), '치유자와 연구자, 새로운 의학지식 적용의 윤리'(이일학 교수)로 진행된 3년차 포럼은 연세의료원 구성원들에게 어느 정도 인지되면서 매번 40명 내외의 참석자가 생겨났다.

2019년 포럼의 주제는 '인간의 존엄성'(Human Dignity)이었다. 모든 인간은 예외 없이 존엄한 대우를 받아야 하는 소중한 존재이고, 어떤 경우에도 차별이나 불평등을 당해서는 안 되며, 환자들 역시 어떤 형편에 있더라도 존엄한 존재라 여겼기 때문이다. 일 년 동안 다루었던 특강의 제목은 다음과 같다. '인간 존엄의 기독교적 근거와 의미'(정종훈 교수), '환자의 웃을 권리: 미소, 매체, 관계'(김준혁 박사), '치료에서 증강으로: 의학과 변화하는 인간의 본질'(이일학 교수), '암 환자 돌봄 영역에서의 건강 불평등: 현상이해와 대안 모색'(김상희 교수), '의료계에서의 여성차별과 그 대안'(이창걸 교수), '환자중심 진료와 치료받지 않을 권리'(안신기 교수), '세계화와 의료윤리: 대리모의 윤리적 문제'(김옥주 교수), '노인간호 실천과 돌보는 이의 부담감'(신혜경 파트장), '장기이식에서의 자기 결정권'(박소라 파트장)으로 이어졌고, 이제는 포럼이 의료원 내에서 자리를 확실히 잡았다는 확신을 가질 수 있었다.

2020년은 포럼의 5년차가 되는 해라서 그동안의 포럼을 뒤돌아보며 정리하고, 한 단계 성숙시키는 기회로 삼자는 각오로 맞이했다. 그러나 코로나19가 확산되며 우리의 일상이 완전히 바뀌었다. 하루에 1만 명 이상의 진료환자가 방문하고, 2500여 명의 환자가 상시적으로 입원해 있는 세브란스병원의 현실을 감안하면서 연세의료원의 리더들은 코로나19 대책을 위해서 지나치다고 말할 정도로 원칙적이고 보수적인 대책을 수립하기로 했다. 대부분의 컨퍼런스나 포럼 등 대내외적인 주요 행사가 모두 취소되었다. 심지어 일상적으로 개최하는 회의들도 취소되거나 온라인으로 대체되었다. 이러한 와중에 포럼의 주제와 일정을 잡는 것은 어려웠지만, 그럼에도 불구하고 우리는 코로나19 시대의 도래를 고려하며 몇 가지 방향을 설정했다. '생명과 인간의 책임: 기독교적 성찰', '생태윤리에서 무엇을 배울 것인가', '재난시대의 윤리:국제보건의 맥락에서', '감염의 윤리: 아픈 형제자매 돌보기', '인간, 자연, 하나님: 인간 증강의 윤리' 등의 방향 아래 강연자를 정하고 개최할 날을 기다리고 있지만, 언제부터 포럼이 정상적으로 재개될지는 아직 미지수다.

나는 '연세의료원 생명의료윤리포럼'이 세브란스병원 의료진의 의료행위에 구체적인 지침이나 매뉴얼을 제시할 수 있는 것은 아니라고 생각한다. 이러한 노력으로 세브란스병원의 이윤을 더 창출하려는 것은 더더욱 아니다. 그러나 의료진이 동일한 의료행위를 한다고 할지라도, 어떤 가치를 설정하고 의료행위를 하는지, 환자에 대해서 어떤 관점에서 접근하며 의료행위를 하는지는 질적으로 다른 결과를 드러낼 것이라고 본다. 의료진이 타성에 젖어 별로 고민하지 않고 하는 의료행위와 무엇이 최선일지 고민하며 하는 의료행위가 지금 당장에는 동일하게 보일지라도 시간과 경험이 농축되면서 결국에는 다른 결과에 이를 것이라고 본다. 세브란스의 의료진 스스로 의료행위를 성찰하게 하고, 고민하게 하며, 최선을 지향하도록 도전하는 포럼이 세브란스에서 이루어지고 있다는 것이 나로서는 감사하고, 어느 정도의 호응을 얻으며 진행되고 있다는 것이 그저 기쁠 뿐이다.

경쟁을 지양하고 협력을 지향하는 교육이 실행되는 세브란스

연세대학교 의과대학은 2014년 1학년 본과에 입학한 학생들부터 학생 학습평가 시스템을 상대평가에서 절대평가로 전환하면서 우리나라 의학 교육의 획기적인 변화를 시도했다. 그동안 점수를 부과해서 1등부터 꼴찌까지 서열화하던 평가 방식을 수업목표를 기준으로 하여 기준에 충족하면 Pass를, 미흡하면 Non-Pass를 부과하는 평가 방식으로 바꾼 것이다. 우리 의과대학으로서는 미국의 주요 의과대학(예를 들면 하버드대학교, 예일대학교를 비롯한 미국 전체 70% 이상의 의과대학)의 학습평가 시스템을 선도적으로 수용한 것이지만, 많은 고민과 숙고 후에 시도한 개척과 도전의 결과라고 말할 수 있다. 이러한 시도는 우리나라에서 처음 있는 일이라서 다른 의과대학들은 우리 의과대학의 변화에 대해 반신반의 우려하면서 추이를 살피고 있는 중이다.

세브란스는 1885년 광혜원을 개원하며 최초의 서양식 현대의학을 도입한 산실이었고, 1904년 세브란스병원을 건축, 봉헌함으로 40병상을 지닌 최초의 현대식 병원을 이 땅에 드러냈다. 1908년에는 우리나라 최초의 면허의사 7인을 배출했고, 1914년에는 우리나라 최초로 인턴제도를 시행했다. 1969년에는 질병 가운데 매우 고약한 암에 효율적으로 대처하기 위해서 우리나라 최초의 암센터(지금은 연세암병원으로 확대)를 개원했고, 2014년에는 우리나라 의과대학 가운데서 최초로 학생 학습평가에 절대평가를 도입한 것이다. 이처럼 세브란스는 우리나라 의료계 역사에서 최초인 것이 적지 않은데, 최초(the First)를 태생적 사명으로 여기면서 언제나 최고(the Best)를 지향하는 것이 우리 세브란스이다.

학습공동체(Learning Community) 학생들

서산대사의 선시(禪詩)이며 백범 김구 선생이 좌우명으로 삼았던 글을 보면 세브란스의 최초가 어떤 마음으로 출발했고, 또 출발해야 하는지를 확인하게 한다. "눈을 밟으며 들길을 갈 때, 모름지기 허튼 걸음을 걷지 말라. 오늘 내가 남긴 발자취는 마침내 뒤에 오는 사람에게 이정표가 될 것이니." 내가 연세의료원에서 원목실장 겸 교목실장의 보직을 감당하는 동안 기관장이나 구성원들의 일하는 방식을 보면, '아니면 말고' 식으로 대충 어설프게 시작해서 중단하는 것을 본 적이 한 번도 없다. 어느 한두 사람의 목소리가 큰 사람에 의해서 방향이 좌우되기보다는 집단지성의 노력 아래 결과의 다양한 가능성을 예상하며 주도면밀하게 시작하고 책임감 있게 실행하기 때문이다.

절대평가 시스템의 도입에 주도적인 역할을 했던 의과대학의 전우택 교수는 그의 저서 『의학교육의 미래』에서 상대평가의 문제점을 세 가지 측면에서 지적하고 있다. 첫째는 의미 없는 경쟁이 의미 있는 경쟁을 막아서는 문제점이다. 무한 암기 경쟁은 의학 자체에 대한 순수한 관심이나 진정한 문제 해결 능력에서 멀어지게 한다는 것이다. 둘째는 최고의 학생들을 받아서 절대다수의 학생들을 실패자로 만드는 문제점이다. 고등학교 성적 상위 0.1~0.5% 이내의 우수한 학생들이 1등에서 꼴찌까지의 성적을 받으며 어느 등수에 있든 불안하게 한다는 것이다. 셋째는 동급생들을 동료가 아닌 경쟁 대상자로 인식하게 하여 협력 능력을 낮추는 문제점이다. 다양한 직종과 기능의 사람들이 연합해야 비로소 목적을 이룰 수 있는 영역이

의료영역인데, 경쟁은 동료관계와 협력관계를 어렵게 한다는 것이다.

계속해서 전우택 교수는 절대평가 시스템을 통해서 교육문화 환경이 변화할 것을 기대하면서 세 가지 기대를 제시한다. 첫째는 암기 경쟁이 아닌 자기개발의 경쟁에 나서는 것이다. 누가 실험실에 오래 있으며 더 좋은 연구결과를 만들지, 누가 보건의료 문제의 본질을 제대로 파악하고 그 해결에 더 기여할지, 누가 소외된 자들에게 다가가서 더 봉사할지 등의 경쟁으로 나가자는 것이다. 둘째는 학습이 공동의 일이 되어 협업 능력을 키우는 것이다. 최소한의 학습목표를 효과적으로 이루도록 학습공동체(Learning Community)를 만들어 서로 협력하는 것을 체화시켜 일하게 하는 것이다. 셋째는 학생 각자가 스스로에 대해서 자부심을 갖고 자기 영역에서 최고의 전문가가 되어 행복하게 사는 것이다. 의학을 공부하는 것만으로도 행복을 느끼고, 의학을 통해 다른 고통받는 이들을 도울 수 있게 된 것에 자부심을 갖고, 의학의 세분화된 어느 한 영역을 발전시키는 전문가로서 기여하게 하는 것이다.

지금 연세대학교 의과대학은 세브란스가 우리나라 최고의 병원으로 자리를 잡기까지 받은 사랑의 빚을 세계 곳곳에 되갚기 위해서 학생들에게 사랑의 흔적을 지닌 세브란스인이 되도록 도전하고 있다. 그뿐만 아니라 학생들이 탁월함을 기본적인 책임으로 삼아 진정성과 공익성을 지향하도록 교육하고 있다. 이를 위해 인문사회의학교실을 열어서 학생들에게 통

학습공동체 학생들

합적 사고와 융합적 통찰의 훈련 기회를 제공하고 있다. 우리 의과대학은 절대평가 시스템을 준비할 때 '모든 학생 A급 만들기 프로젝트'라고 명명한 바가 있는데, 이는 누군가에게 B, C, D, F를 부과함으로써 만들어지는 A가 아니라 모두를 A로 만드는 목표를 설정했기 때문이다. 지금 그 목표를 향해서 서서히 나아가며 성과를 이루고 있는 것이 큰 기대가 된다.

연세대학교 의과대학은 절대평가 시스템의 전환과 함께 학습공동체를 운영하는 것이 특징인데, 이것 역시도 우리나라 최초이자 아직은 유일한 제도라고 말할 수 있다. 현재 20개의 학습공동체가 있는데, 1개의 학습공동체는 1명의 지도교수와 각 학년 6~7명의 학생들을 구성원으로 하여 전체 30명 내외로 구성되어 있다. 본과 1, 2학년 학생들은 분기마다, 3, 4학년 학생들은 학기마다 1회씩 그동안 이루어진 학습에 대해서 성찰하는 에세이를 작성해서 제출하고, 지도교수는 그 내용을 중심으로 개별화된 맞춤형 지도를 하고 있다. 이를 위한 20명 지도교수들의 헌신과 그들의 학생들에 대한 애정은 타의 추종을 불허할 정도이다. 이렇게 모든 학생은 본과 1학년에 입학하면 졸업할 때까지 처음 만난 지도교수와 최소한 13회 이상 긴밀한 만남의 기회를 갖게 되고, 그럼으로써 인간적으로도 돈독한 관계를 형성하는 장점을 경험하고 있다.

의과대학 학생들의 자율활동

2014년 절대평가 시스템을 도입하고 4년의 교육과정을 거쳐 2018년, 2019년, 2020년 졸업한 학생들에게 눈에 보이는 확실한 변화가 생겨났다. 동료 선후배들과의 관계가 더욱 친밀하고 서로 협력적인 관계로 되고 있다는 것이다. 졸업 후 자신만의 진로를 모색할만한 포트폴리오가 각각 만들어지고 있다는 것이다. 의과대학 학생의 위치에서 이전에는 상상도 할 수 없었던 SCI급 논문의 제1 저자로서 해마다 30편 내외의 논문을 유수의 학술지에 게재하고 있다는 것이다. 졸업하는 학생들의 의사 국가고시 합격률도 더 상승했고, 그 가운데 70~80%는 전체 응시자의 평균 점수보다 훨씬 상회하고 있다는 것이다. 지금 우리는 코로나19라는 세계적인 재난 앞에서 어느 때보다 의학의 급격한 발전이 절실한 상태에 있다. 미래의 의료는 현재와는 상당히 다른 모습으로 다가올 것인데, 이에 대비하는 것은 모든 의과대학의 새로운 과제가 될 것이다. 최근 한 기부자가 우리 의과대학으로 하여금 미래를 준비하는 교육을 잘 할 수 있도록 '의학교육원' 설립을 위한 40억 원의 기금을 기부한 것은 우리 세브란스에 대한 신뢰의 표현이자 세계를 향한 비상의 기회라 여겨져서 매우 기쁘고 감사하다.

코로나19 시대에 오늘의 성경말씀을 공유하는 세브란스

2019년 12월 말 중국에서 확산된 코로나바이러스감염증-19(COVID-19, 이하 코로나19)가 우리나라에서는 2020년 1월 20일 첫 확진자와 함께 나타나기 시작했다. 정부가 잘 대처하고 있었지만, 질병 가운데 있는 환자들에게 코로나19가 감염이 되면 치명적일 수 있다는 전문가들의 이야기를 들으면서 나는 원목실 식구들과 의논했다. 그리고 우리 원목실은 환자와 가족들을 위한 모든 예배(주일 1,2부 예배, 주일오후예배, 수요저녁예배, 각 전문병원 월례예배)와 매일 예배(다섯 병동에서 동시에 진행되는 매일 오전 11시 환자와 가족을 위한 예배)를 1월 30일부터 완전히 중지하기로 결정했다. 대표적인 기독교 병원인 우리 세브란스병원이 코로나19 확산의 진원지가 되어서는 안 된다는 것, 무엇보다 하나님께 예배드리고 기도하는 자리가 코로나19 감염의 장소가 되어서는 안 된다는 것이 결정의 동기였다.

그러나 우리 의료진들은 손을 씻고 손 세정제를 사용하고 마스크를 착용하는 것이 생활화되어 있기 때문에 수요교직원예배만은 조심스럽게 유지하기로 했다. 그래야 우리 연세의료원의 구성원들이 예배를 드리며 각자에게 주어진 사명을 확인하고, 하나님 앞에서 생명을 살리겠다는 각오를 다질 수 있을 것이라고 생각했다. 그러나 2020년 2월 18일 신천지 신도 31번 확진자가 나오면서 지역전파 없이 잘 잡히던 코로나19가 대구지역을 중심으로 걷잡을 수 없이 전파되었다. 이 급박한 상황에 직면한 나는 2월 24일 실처장회의의 논의를 거쳐 수요교직원예배조차 중지하기로 결정했다. 예배를 쉬어야 하는 안타까움이 없지 않았지만, 혹시라도 의료진 가운데 한 사람의 확진자라도 나오면 국민의 신뢰가 추락할 뿐 아니라 병원 폐쇄로 인해 수많은 중증환자의 치료까지 중지당할 수 있었기 때문이다.

나는 원목실 고유의 활동을 중지하거나 유보해야 하는 코로나19의 상황에서 우리 원목실이 할 수 있는 일이 무엇일까를 고민했다. 그때 떠오른 것이 하나님의 말씀을 함께 읽고, 한마음으로 기도하는 것이었다. 하나님의 말씀은 갈 바를 알지 못하는 우리에게 바른 길을 가도록 환하게 비추어 주는 빛이기 때문이고, 기도는 우리가 하나님의 뜻을 확인하며 우리의 삶을 구체적으로 결단하는 과정이기 때문이다. 그래서 나는 기본적인 틀이 될 수 있는 초안을 준비해서 원목실 전체 교역자에게 이메일을 통해서 돌렸고, 원목실 교역자들도 기도하는 마음으로 동참해줄 것을 요청했다. 그렇게 준비했던 초안이 2020년 2월 26일 신촌세브란스, 강남세브란스, 용

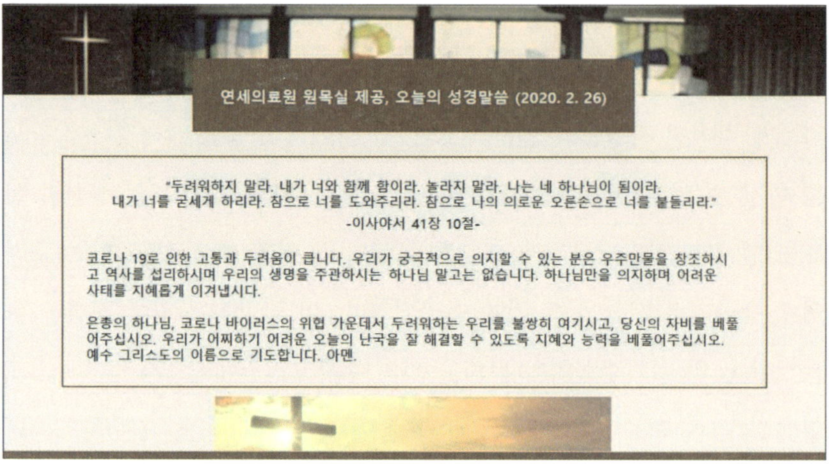

원목실이 첫번 째로 제공한 오늘의 성경말씀

인세브란스 등 연세의료원의 전체 교직원들에게 [연세의료원 원목실 제공, 오늘의 성경말씀 (2020. 2. 26)] 형식으로 최초 발송되었다.

"두려워하지 말라. 내가 너와 함께 함이라. 놀라지 말라. 나는 네 하나님이 됨이라. 내가 너를 굳세게 하리라. 참으로 너를 도와주리라. 참으로 나의 의로운 오른손으로 너를 붙들리라."(이사야서 41장 10절) 수많은 성경 구절 가운데 특별히 이 구절을 선택했던 이유가 있다. 우리 연세의료원은 지난 135년의 역사 속에서 녹록치 않은 여정을 걸어왔는데, 선교사와 선각자들을 부르시어 청지기로 사용하신 하나님께서는 언제나 당신의 오른손으로 붙드시어 최고의 기독교 의료기관이 되도록 이끄셨기 때문이다. 코로나19로 인한 우리의 고통과 두려움이 크지만, 우리가 궁극적으로 의지할 수 있는 분은 우주만물을 창조하시고 역사를 섭리하시며 우리의 생명을 주관하시는 하나님 말고는 없다고 확신했기 때문이다. 두 주가 지난 어느 날 한 팀장이 이메일을 보내왔다. 원목실에서 매일 아침 보내주는 오늘의 성경말씀이 위로와 격려와 소망이 된다면서 매우 고맙다고 했다. 요즈음 나는 우리 원목실 교역자들이 집단지성으로 준비한 오늘의 성경말씀이 연세의료원의 활력이 되고 있음을 확인하면서, 얼굴에 잔잔한 미소를 머금는 호사를 누리고 있다.

오늘의 성경말씀을 보내면서 나는 우리 연세의료원의 구성원 한 사람 한 사람을 생각할 때마다 매우 자랑스럽게 여기고 있다. 열네 분(의사 2명, 간호사 12명)의 의료진이 대구 경북지역에서 코로나19로 울부짖고 있

코로나19 방역을 위해 긴급 파견되었던 세브란스 의료진들

는 주민들과 함께 울면서 치료하겠다는 심정으로 파견을 자청해서 다녀왔다. 가뜩이나 입구가 많은 세브란스병원의 주요 입구마다 행정 직원들이 매일 아침 일찍 나와서 모든 출입자를 일일이 체크하며 건강 상태를 살펴주고 있다. 의료원의 리더들은 항상 개최해온 회의와 집회는 물론이고 오래 전부터 공을 들여 준비한 컨퍼런스나 행사들조차 주저하지 않고 취소한 바 있다. 터널의 끝이 잘 보이지 않는 답답함과 두려움의 상황 속에서도 우리 교직원들은 긍정의 말, 격려의 말, 사랑의 말, 믿음의 말, 희망의 말을 아끼지 않는 일상을 만들어가고 있다. 또한 우리 한 사람 한 사람을 당신의 청지기로 부르신 하나님의 뜻과 계획을 기억하며 하나님의 선을 이루기 위해서 열린 마음으로 협력하고 있다. 우리 연세의료원의 교직원을 비롯한 대한민국 모든 의료진의 수고와 우리 국민의 성숙한 대응으로 인해서 코로나19가 물러갈 날은 멀지 않았다. 우리 연세의료원의 주인이신 하나님께서는 우리를 분에 넘치게 도우시는 에벤에셀의 하나님으로, 우리와 함께 하시는 임마누엘의 하나님으로, 우리의 필요한 것을 넉넉히 준비해주시는 여호와 이레의 하나님으로 때마다 일마다 찾아오시기 때문이다.

제2장

돌봄의 감동

국내 최초로 환자를 위한 권리장전을 선포한 세브란스

가난한 응급환자들의 생명을 보듬는 세브란스

환자와 가족을 전문적으로 치료하며 전인적으로 돌보는 완화의료센터가 있는 세브란스

중증 재활환자들을 위해 만성적자의 재활병원을 운영하는 세브란스

실험동물 다솜의 날이 있는 세브란스

“국내 최초로 환자를 위한 권리장전을 선포한 세브란스”

중증환자들이 치료를 받기 위해서 최종적으로 찾아오는 대형병원에서 의료진은 갑이 되고, 환자와 가족은 을이 되는 경우가 종종 있다. 살기도 하고 죽기도 하는 치료의 과정에서 환자와 가족은 의료진을 의지하며 전적으로 스스로를 내맡길 수밖에 없기 때문이다. 환자와 가족에게는 혹시나 의료진의 심기를 잘못 건드리면 치료에 불이익을 당할지 모른다는 두려움도 있다. 그들은 양같이 고분고분하게 처신하면서 의료진의 처방을 되도록 따르려고 애를 쓴다. 전문가의 권위에 일반인이 순종하는 정도를 조사한 어느 심리학자의 연구에 의하면, 의사가 환자의 실제적인 치료와 아무 상관 없는 무의미한 지시를 했을 때라도, 환자가 그 지시를 이의 없이 따르는 비율은 무려 70%가 된다고 한다. 그만큼 질병 치료의 전문가인 의사의 권위 앞에서 환자는 비전문가로서 약자가 되기 쉽다는 사례이다. 그렇다 보니 즐거운 마음으로 병원을 방문하는 사람은 별로 없다.

대형병원을 방문하는 환자로서 다음의 경험을 하지 않는 사람은 드물 것이다. 환자는 의사와 진료시간을 잡으면 대개는 긴장하면서 예약 시간보다 여유있게 가서 대기한다. 미리 대기한다고 해서 예약 시간보다 먼저 진료를 받는 일은 드물고, 예약시간 정시에 진료를 받는 것만으로도 행운이다. 예약 시간이 지나서 의사를 만나는 경우가 비일비재하기 때문이다. 그렇게 겨우 의사를 만났는데, 시간이 늦어진 것에 대해서 의사에게 사과받는 것을 기대하기란 언감생심이다. 심지어 의사는 눈인사는커녕 얼굴도 쳐다보지 않고, 모니터만 바라보면서 일방적으로 묻고 일방적으로 처방한다. 병원까지 오는 데 소요된 시간이 적지 않았고 병원에 도착한 후에도 상당한 시간을 기다렸는데, 기껏 5분 내외의 짧은 시간 동안 의사를 만나 처방을 받는 것이다. 자신의 질병 상황에 대해서 궁금한 것이 많지만, 질문 한 번 제대로 할 수 없다. 어쩌다 용기를 내어서 질문하면, 의사는 짜증을 내기조차 한다. 이 정도 되면 환자는 허무하다 못해 분노가 치미는 것을 느끼게 된다.

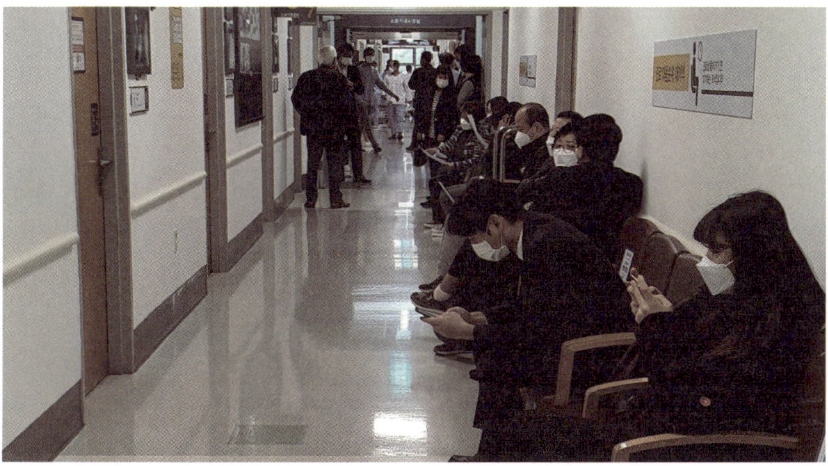

진료대기실의 환자들

환자권리장전 선포식

소위 군사정권을 마감하고 문민정부가 들어선 직후인 1993년 3월 8일의 일이다. 세브란스가 환자의 권리장전을 제정하여 선포했다. 우리나라 의료계로서는 처음 있는 일이었다. 병원의 열악한 시설과 인력난, 재정적인 어려움과 집단적인 이기주의 등으로 인해 환자와 가족의 입장을 우선적으로 배려하는 것이 쉽지 않던 시절이다. 세브란스는 임상과장 회의와 행정책임자 회의 등을 거쳐 시대적인 요구에 부응하고 신뢰받는 병원상(病院像)을 구축하고자 환자의 권리장전을 생각했던 것이다. 당시 김일순 의료원장은 "환자의 권리란 환자가 되었기 때문에 생겨난 새로운 권리가 아니라, 본래부터 누구나 가지고 있는 권리"임을 강조했다. 관료적인 태도나 관행을 뒤로하고, 과연 환자들에게 어떻게 친절을 나눌 것인지, 어떻게 하는 것이 환자를 존중하는 것인지, 환자의 당연한 인권을 어떻게 보증할 것인지를 다시 생각하고 시작하자는 의도였다.

우리나라에서 최초의 현대식 병원으로 출발한 세브란스가 환자와 가족에게 최고로 신뢰를 받는 병원이 되고자 선포했던 연세의료원 환자 권리장전의 서언은 이렇게 시작한다. "연세의료원은 환자에게 도움을 주는 원칙, 환자에게 불이익이 없도록 하는 원칙, 환자의 자율을 최대한 존중하는 원칙, 그리고 사회정의를 실천하는 원칙에 따라 진료함을 선언하며 다음과 같은 환자의 권리를 존중한다." 그리고 환자의 권리에 해당하는 열 개의 항목을 나열한다. "첫째. 모든 환자는 인간으로서의 관심과 존경을 받을 권리가 있다. 둘째. 모든 환자는 의료진의 성실한 대우를 받을 권리가 있다. 셋째. 모든 환자는 담당 의료진의 전문분야에 대하여 알 권리가 있다. 넷째. 모든 환자는 담당 의료진으로부터 자신의 질병, 현재의 상태, 치료계획 및 예후에 대한 설명을 들을 권리가 있다. 다섯째. 모든 환자는 자신의 질병 치료를 위한 새로운 의학적 시도나 교육의 참여 여부를 선택할 권리가 있다. 여섯째. 모든 환자는 치료, 검사, 수술, 입원 등의 의료행위에 대한 설명을 듣고 시행 여부를 선택할 권리가 있다. 일곱째. 모든 환자는 담당 의료진이나 법적으로 허용된 사람을 제외하고는 개인의 의무기록 열람을 금함으로써 진료상의 비밀을 보장받을 권리가 있다. 여덟째. 모든 환자는 진료에 관하여 알려진 사생활의 비밀을 보장받을 권리가 있다. 아홉째. 모든 환자는 진료 목적으로 탈의하더라도 신체의 비밀을 보장받을 권리가 있다. 열째. 모든 환자는 진료비 내역에 대하여 알 권리가 있다."

국가고객만족도조사 9년 연속 1위 기념포스터

세브란스는 환자의 권리장전을 선포한 것으로 끝나지 않기 위해 연세의료원 산하 병원별로 환자들의 불편을 접수 처리하는 신고창구와 신고함을 만들어 24시간 운영했다. 전담직원을 배치하여 환자들의 권리침해 사례를 비롯한 모든 불편부당 사항을 접수하고 해결하도록 했다. 동시에 임상의사들과 간호사, 직원들을 대상으로 수차례의 교육을 실시했다. 환자의 권리장전 열 개 항목에 따른 행동규범을 만들고, 각종 사례들을 정리하여 모든 교직원이 환자와 가족에 대해서 어떻게 최선을 다할지를 논구했다. 당시 연세대학교 의료원소식지(제255호, 1993년 3월 22일)의 교수칼럼에 실린 내과학교실 김성순 교수의 글은 환자의 권리장전에 대한 교직원들의 입장과 분위기를 잘 전해주고 있다. "우선 단시간에 수많은 환자를 보아야 하며 동시에 그 많은 수술과 시술들을 해내야만 병원의 재정이 유지되는 열악한 의료환경에서 환자에게 양질의 의료가 시행되기를 기대하기는 어려운 일이 아니겠는가? 하지만 이러한 어려운 여건하에서도 많은 연세의료원의 교수들은 묵묵히 자기 자신의 의무를 실천하고 있음을 우리는 간과해서는 안 된다 ... 아무리 어려운 길이라고 해도 그 길이 꼭 가야 할 길이라면 누군가가 먼저 걸어가야 할 것이다. 이러한 길을 여는 일에 연세의료원이 늘 앞장서 왔다는 점에서 우리는 자부심을 가져왔고 앞으로도 그럴 것이다."

세브란스는 2019년 3월 1일 이래로 병원장 산하에 진료혁신센터를 두고, 환자안전팀은 의료질파트와 환자안전파트로, 환자경험팀은 서비스디자인파트와 고객소통파트로 나누어 운영하고 있다. 의료질파트는 원내 적정진료관리 관련 활동지원 및 교육, 각종 질 지표의 개발, 조사평가 및 개선, 진료상의 문제점 파악 및 개선, 의료이용도 조사평가 및 개선, 대내외 의료기관 평가 인증을 관장한다. 환자안전파트는 안전관리 평가 및 개선, 의료분쟁 상담 및 의무기록 검토, 의료사고 예방활동, 진료과별 의료사고 관련 교육, 의료분쟁위원회 지원을 관장한다. 서비스디자인파트는 고객만족 서비스혁신 활동 및 CS관련 위원회 지원, 업무프로세스 개선, 고객만족 서비스 교육, 제안에 관한 사항, 환자경험 프로세스 개선 관련 업무를 관장한다. 그리고 고객소통파트는 고객상담 및 고충처리, 상담고충 관련 업무개선 활동, 민원 대응업무 프로세스 관리, 고객접점 직원 응대교육 업무 등을 관장한다. 이처럼 세브란스가 환자의 입장에서 최선을 다하고자 진료혁신센터를 확대 개편한 것은 1993년 3월 8일 선포한 환자의 권리장전에서 비롯되었다고 볼 수 있다. 세브란스병원이 2007년 이래로 지금까지 대학생들이 뽑은 최고의 병원으로 13년 계속 선정된 것이나, 지난 9년동안 국가고객만족도(NCSI) 병원부문에서 1등을 수상한 것은 결코 우연이 아니다.

“가난한 응급환자들의 생명을 보듬는 세브란스”

예수께서 주신 가르침 가운데 '선한 사마리아 사람' 비유가 있다. '내 이웃이 누구냐'는 율법교사의 질문에 예수께서 비유로 답하신 것이다. 이 비유에 의하면, 어떤 사람이 예루살렘에서 여리고로 가다가 강도를 만났다. 강도는 그 사람의 모든 것을 강탈하고, 반은 죽은 채로 길가에 내버렸다. 그 곁을 당시 사회지도층이었던 제사장과 레위인이 지나갔지만, 그들은 강도 만난 자를 외면하고 자신들이 가던 길을 향해 급하게 가버렸다. 그러나 이방인보다 못한 사람으로 천대받던 사마리아 사람은 강도를 만난 사람에게 최선을 다하는 이웃으로 다가갔다. 그는 강도를 만난 사람을 응급으로 치료해 주었을 뿐 아니라, 자기 짐승에 태워 주막(응급실)으로 데려갔고, 주막 주인에게 자신이 돌아올 때까지 돌보아 줄 것을 부탁하면서 추가될 비용까지 갚을 것을 약속했다. 예수께서는 질문했던 율법교사에게 오히려 되물으셨다. “네 생각에는 이 세 사람 중에 누가 강도 만난 자의 이웃이 되겠느냐?” 질문했던 율법교사가 대답했다. “자비를 베푼 자입니다.” 예수께서 다시 명령하셨다. “가서 너도 이와 같이 하라.”

레너드 그리피스(Leonard Griffith)라는 미국의 목회자는 사마리아 사람의 비유에는 세 가지 삶의 철학이 담겨 있다고 설명한다. 첫째는 "네 것은 내 것이다. 나는 그것을 가지려고 한다."는 강도의 철학이다. 강도는 자신에게 속하지 않은 남의 것을 억지로 강탈하려고 한다. 남이 땀 흘려 거둔 결실을 힘들이지 않고 거두려 한다. 그것이 여의치 않을 때는 물리적인 폭력을 가하면서 분풀이를 하려 한다. 둘째는 "내 것은 내 것이다. 나는 그것을 지키려고 한다."는 두 종교지도자의 철학이다. 두 종교지도자는 강도 만난 자 앞에서 머뭇거리다가 혹시 자기 소유를 잃을지 모른다는 두려움이 있다. 자기가 노력해서 소유하게 된 것을 자기만 누리는 것이 당연하다고 생각한다. 때문에 자신의 소유를 남을 위해 사용하는 것은 상상조차 하

새로 리보델링한 세브란스 응급실 스테이션

지 않으려 한다. 셋째는 "내 것은 당신의 것이다. 나는 그것을 당신과 나누려고 한다."는 사마리아 사람의 철학이다. 사마리아 사람은 자신의 땀으로 거둔 소유물을 자기만 배타적으로 사용하기보다는 그것을 가장 절실하게 필요로 하는 사람과 나누어야 할 것이라고 생각한다. 그는 자기 것을 다른 사람과 나눌 수 있는 기회를 기쁘게 생각하며 기꺼이 나누려 한다. 그래서 그는 다른 사람의 고난을 미리 준비하기나 한 것처럼 최선의 자비를 베풀고 있다.

세브란스병원 응급실에는 매년 보호자나 후견인 없이 실려 오는 환자들이 수백 명 있다. 그 가운데는 긴급하게 치료하지 않으면 안 되는 중증환자도 있는데, 스스로 치료비를 감당할 능력이 없어서 치료나 수술, 입원이나 약재 처방 등의 과정을 주저할 때가 있다. 그들의 생명과 삶은 하나님의 선물이며, 그들 역시 예외 없이 하나님의 형상으로 지어진 존엄한 존재인데, 매우 안타까운 순간이라 할 수 있다. 그러므로 그들의 치료비를 후원하는 것이나 그들을 위로하고 격려하는 심방은 선한 사마리아 사람이 강도를 만난 사람의 이웃이 되어주는 것과 동일한 과정이다. 우리 세브란스 원목실은 한 사회복지사의 제안에 힘입어 선한 사마리아 사람의 철학을 실천하겠다는 마음으로 '선한 사마리아인 SOS 프로젝트'를 기획했다. 이는 강도를 만난 사람처럼 무방비 상태에서 아무런 연고자 없이 누군가의 긴급한 도움을 막연히 기다려야 하는 응급환자들에 대해서 수수방관할 것이 아니라 사랑과 관심, 열정을 최대한 발휘해서 즉각적인 치료 과정을 이끌어 내자는 것이었다.

우리 운영위원회는 선한 사마리아인 SOS 프로젝트를 운영하면서 고민이 적지 않았다. 그것은 이 프로젝트를 너무 광범위하게 공개하면 안 된다는 방어심리에서 비롯되었다. 후원금이나 후원받는 환자들을 확대하기 위해서는 홍보를 잘 해야 하는데, 너무 홍보가 잘 되면 후원을 받기 위한 환자들이 넘쳐나서 후원금을 감당하기 어렵거나, 좋은 의도의 프로젝트가 악용될 수 있지 않을까 염려했기 때문이다. 그러나 한편으로 너무 쉬쉬하면 정작 후원의 혜택을 받아야 할 환자들이 기회를 놓칠 수도 있겠다는 생각도 없지 않았다. 그러던 2019년 5월, 운영위원회는 차라리 적극적인 홍보와 적극적인 후원자 유치를 위해 더욱 노력하자는 쪽으로 결의했다. 그동안 아낌없는 사랑으로 기금을 보내주신 후원자들에게는 지금까지의 운영 상황을 객관적으로 보고하면서 감사를 표현하고, 앞으로 이 프로젝트에 참여할지 모르는 교회나 기업, 또는 개인 차원의 잠재적인 기부자들에게는 적극 홍보하는 기회로 삼자는 것이었다. 그리고 프로젝트 자체가 많은 사람들에게 홍보가 되어서 긴급한 도움을 필요로 하는 응급 환자라면 누구라도 최대한의 후원을 받도록 하자는 것이었다. 그 결과 선한 사마리아인 SOS 프로젝트 5주년 보고서『강도만난 자의 이웃이 되다』를 예쁜 책자로 출판하게 되었다.

출판된 5주년 보고서 책자에 의하면 23개의 교회와 2개의 기업, 그리고

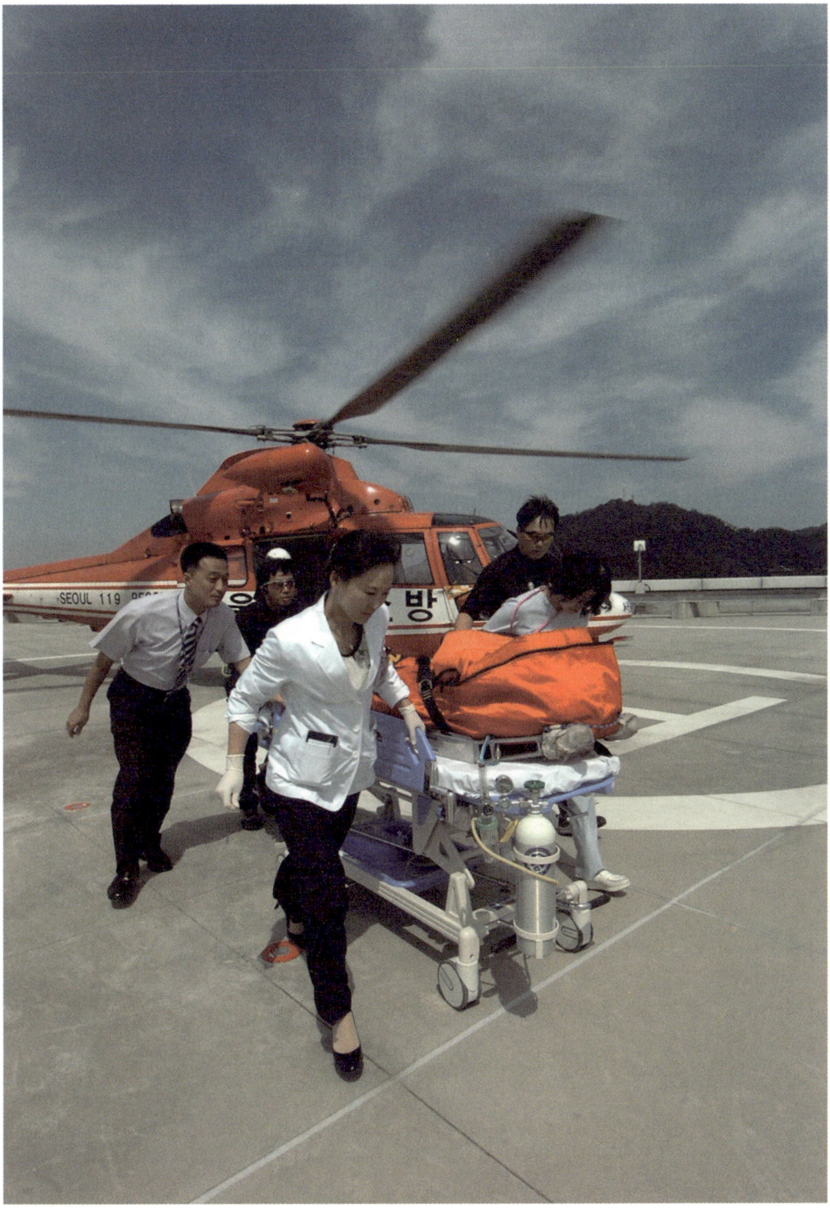

응급환자 헬기이송

선한 사마리아인 SOS 프로젝트 최초의 협약식

6명의 개인이 적게는 300만 원에서 많게는 2,000만 원을 매년 후원해 주었고, 그 액수를 합하면 8억 8,800만 원 남짓 되었다. 우리 원목실은 사회사업팀을 통해서 응급실 비용을 스스로 부담할 수 없었던 환자 413명에게 적게는 몇십만 원에서 많게는 1,000만 원까지 총 6억 7,200만 원의 비용을 지원할 수 있었다. 우리 원목실에서는 치료비만 지원한 것이 아니라, 입원 중인 환자들의 경우에는 지극정성을 다해 심방하면서 전인치유를 도모했다. 지원을 받은 환자들에게 받은 감사 편지의 감동은 이루 말할 수가 없다. "고통스러운 날들 속에 있는 별 볼일 없는 사람에게 귀한 사랑의 손길을 내밀어 주셨습니다." "돈 때문에 치료를 받을 수 없는 상태에서 포기하지 않도록 도와주셨습니다." "삶도 죽음도 주관하시는 하나님께서 후원자를 통해서 참 좋은 선물을 보내셨습니다." "홀로 걸었던 아픔의 길에서 희망의 열매를 찾았습니다." "이제는 받은 기쁨 이상으로 나누면서 살겠습니다." "새로운 꿈, 새로운 삶을 시작하게 되었습니다." 등등.

우리 원목실이 세브란스병원 응급실에 실려온 가난한 환자들의 생명을 품기 위해 마련한 '선한 사마리아인 SOS 프로젝트'는 매우 자랑스러운 프로그램이다. 언젠가 학생채플의 강사로 오신 목사님께 이 프로젝트에 대해서 짧게 소개한 적이 있다. 이야기를 청취하신 목사님께서는 곧바로 이렇게 말씀하셨다. "역시 세브란스네요." 그리고 목사님께서는 '선한 사마리아인 SOS 프로젝트'에 참여하겠다고 약속하신 후 바로 다음 주에 후원금을 보내주셨다. 개인 후원자 가운데 지난 6년 동안 한 해도 거르지 않고 기부하신 불교 신도가 한 분 계신다. 그분은 매년 500만 원에서 1,000만 원씩 기부하셨는데, 내가 그분을 찾아뵙고 감사했을 때 그분이 하신 말씀을 잊을 수가 없다. "좋은 일을 하는데 기독교 신도냐 불교 신도냐 구분할 것이 있나요? 내가 직접 할 수 없는 일을 세브란스가 대신 해주니 감사할 뿐이지요." 나는 우리 세브란스가 환자들을 하나님의 사랑으로 넉넉히 치료하는 동시에, 모든 정책과 사안을 '선한 사마리아인 SOS 프로젝트'처럼 수립하고자 노력한다면, 기독교 의료기관으로서의 자기 정체성을 지키면서 국민의 건강증진과 환자 치료에 크게 기여할 것이라고 믿는다.

“환자와 가족을 전문적으로 치료하고 전인적으로 돌보는 완화의료센터가 있는 세브란스”

불치의 질병 중에 있거나, 말로 다할 수 없는 고통 가운데 있는 환자들을 대면한다는 것은 가까운 지인이라도 쉬운 일이 아니다. 무슨 말로 위로하고 격려해야 할지, 무슨 말로 희망을 전해주어야 할지 답이 없기에 어렵다. 세브란스에서 일한 지가 6년이 지난 나지만, 중증의 환자들을 만나면 그저 손을 잡거나 포옹한 채로 안타까워하는 것 말고는 달리 할 말이 없다. 상황에 따라서는 환자와 함께 말없이 눈물을 흘리는 것이 내가 할 수 있는 최선의 행동이다. 한편 중증환자의 가족이 받는 육체적, 정신적 스트레스나 경제적, 사회적 어려움은 적지가 않다. 가족은 중증환자인 가족과의 이별을 예상하는 것 자체가 어렵다 보니, 죽음이라는 단어를 입에 담는 것을 아예 금기시하는 경향도 있다.

세브란스에는 완화의료센터가 있다. 1987년 호스피스실로 활동을 시작해서 2014년 국내 Big 5 병원 가운데 최초로 개소한 것인데, 그 미션은 다음과 같다. “하나님의 사랑으로 암환자와 그 가족에게 전인적인 완화의료를 제공함으로써 투병 기간 중 고통을 완화시키고, 인간의 존엄성을 유지하며 삶의 마지막과 사별 과정이 평안하도록 돕는다." 이 미션에서 알 수 있듯이, 생명을 위협하는 질병으로 고통받는 환자와 그 가족에게 치료와 돌봄을 통해서 삶의 질과 죽음의 질을 고양시키고, 환자가 갑작스런 죽음에 직면하더라도 당황하기보다 예상된 죽음으로 차분히 이르도록 도우며, 환자와 가족의 이별이 평안하게 이루어져 사별 이후에도 가족이 용기있게 살도록 격려하는 기관이 바로 완화의료센터이다.

세브란스의 완화의료센터는 몇 가지 주요 프로그램을 효율적으로 운영하고 있다. 첫째는 통증 관리이다. 통증은 암환자나 중증환자들이 겪는 가장 흔하면서도 고통스러운 증상 중 하나이다. 완화의료센터에서는 전문의

완화의료센터 자원봉사 동아리

료진이 총체적인 평가와 전인적인 접근을 통해서 통증이 최소화되도록 관리한다. 둘째는 완화 상담이다. 완화의료 전문가가 치료 과정 중에 발생하는 정서적, 사회적, 영적 증상을 상담하고, 의사 결정 과정을 지원한다. 셋째는 완화 미술치료이다. 다양한 미술 활동을 통해 삶을 재조명하고 심리적 혼란을 긍정적 에너지로 전환시키는 정서적 지지의 과정이다. 넷째는 완화 음악치료이다. 환자와 가족의 질병 경험에 따라 음악 감상, 악기 연주, 노래 부르기, 노래 만들기 등의 음악 활동을 통해 치료 과정에서 겪는 고통을 완화시키고 희망을 고취시키는 정서적 지지의 또 다른 과정이다. 다섯째는 완화 마사지이다. 손과 발 마사지를 통해 긴장된 몸을 이완시키고, 통증과 스트레스를 완화시키는 힐링 터치의 과정이다.

전이성 폐암 진단을 받고 회복이 어렵다는 의사의 소견이 있었던 80세 노인 환자는 자신의 요구에 맞는 조치를 통해서 통증이 거의 사라졌을 뿐 아니라, 미술치료와 음악치료를 통해서 살아 있음의 기쁨을 느끼면서 "여기서는 나를 죽을 사람으로 취급을 안 해서 좋아"라며 감사함을 표시했다. 3년의 투병 끝에 하나님의 부르심을 받은 한 여자 아이의 어머니는 미술치료 차원에서 자원봉사하는 화백의 멘토 역할로 인해서 딸이 심리적 안정을 찾고 어려운 치료 과정을 이겨내는 원동력을 얻었다면서 이렇게 말했다. "딸은 늘 병원에 너무 가고 싶어 했어요. 집에만 있으면 지루하고 외로웠으니까요. 병원에서 만나는 친구들, 또는 선생님들과 함께 하는 시간을 가장 좋아했어요." 그 후 그 어머니는 자녀나 형제자매를 먼저 떠나보낸 가족도 치유가 필요하다는 취지에 공감하면서 '영원한 동행'이라는 사별 관리 프로그램의 봉사자로 참여하고 있다. 어느 환자와 그의 아내는 그림을 통해 그동안 서로 표현하지 못했던 속마음을 나눔으로 사랑을 확인할 수 있었다면서 고마워했다. "살면서 한 번도 말하지 못한 속마음을 꺼낼 수 있게 해주셔서 고맙습니다. 힘든 상황이지만 가족이 모여 함께할 수 있어 좋았어요."

우리 원목실에서는 월 1회 첫 번째 금요일 오후 3시 30분에 완화의료병동만의 예배를 따로 주관한다. 물론 전체 입원 환자들을 위해 매일 예배를 비롯한 다양한 예배가 있지만, 완화의료센터 환자와 가족, 의료진만이 참석하는 병동 예배는 언제나 감동이 크다. 부활절 시기에는 완화의료센터

완화의료센터 성탄절행사

완화의료센터 재원환자 위로행사

에 입원한 환자와 가족을 엎드려 섬긴다는 마음으로 환자의 발을 씻어주는 세족식을 진행하고, 성탄절에는 행복과 즐거움이 넘치기를 바라는 마음으로 원목실 교역자들과 의료진들이 꾸미는 크리스마스 음악회를 개최한다. 한편 자원봉사자들은 매월 셋째 주 금요일과 넷째 주 화요일 '어머님 밥상, 쿠키 클래스'란 이름으로 자원봉사자들이 직접 만드는 맛있는 밥과 쿠키를 나누면서 환자와 가족이 병상 생활과 다른 분위기를 경험하도록 돕고 있다. 또한 2014년 이래로 매년 '해오름회 전시회'를 통해서 환자들이 미술치료의 과정에서 만든 작품들을 전시하고 있다. 다양한 소재와 주제 아래 환자의 존재가치와 가족에 대한 사랑을 물씬 풍기는 작품들은 완치 후에 가정과 학교로 돌아간 작가의 작품으로부터 하늘나라로 이미 부름을 받은 작가의 작품에 이르기까지 절절한 이야기를 담고 있다.

나는 우리 세브란스에 완화의료센터가 있다는 사실이 정말 기쁘고 감사하다. 세브란스병원 제중관 1층의 완화의료센터에는 1인용 병실이 12개가 있고 상담실, 집단 프로그램실, 목욕실, 가족 휴게실 등이 구비되어 있다. 의료수익이 창출되지 않는 적자 운영이지만, 세브란스는 많은 의료진과 넓은 공간, 온갖 정성을 아낌없이 투입하기 위해서 노력하고 있다. 또한 이곳에서는 중증환자와 가족을 치료하고 돌보는 의료진과 가족상담사, 음악치료사, 미술치료사, 재능기부자, 자원봉사자, 그리고 원목실 목회자 등 많은 분들이 기꺼이 팀워크를 이루면서 최선을 다하고 있다. 팀원 가운데 가족상담사로 수고하시던 황애란 선생님은 원래 간호대학 전임교수님이셨는데, 풍요롭고 명예로운 교수의 삶을 뒤로하고 이름 없이 빛도 없이 30년 이상을 한결같은 사랑으로 일하신 분이다. 그분은 2019년 10월 11일 서울가든호텔에서 열린 '제7회 호스피스의 날 기념식'에서 호스피스 완화의료 환자의 삶의 질 향상에 기여한 공로로 보건복지부장관 표창을 수상하기도 했다. 소아암을 전문으로 하는 유철주 교수님은 상속받은 재산을 털어 세브란스 밖에다 소아암 어린이와 보호자를 위한 쉼터 공간을 만들었고, 숙식을 무료로 제공함으로써 국내외 소아암 환자 가족들의 경제적인 부담을 덜어주고 있다. 이러한 완화의료센터로 인해서 입원 환자와 가족들은 전인적인 치료의 과정을 유기적으로 경험하고 있고, 영원한 소망을 바라보면서 평안한 죽음을 맞이하고 있다. 나는 세브란스 완화의료센터가 한국의료계에서 완화의료의 수준을 더욱 높여줄 뿐 아니라, 다른 병원들에 대해서는 그들이 가야 할 이정표의 역할을 잘 감당할 것이라 기대하고 있다.

"중증 재활환자들을 위해 만성적자의 재활병원을 운영하는 세브란스"

미국의 기독교 대각성운동 당시 무디 목사의 동역자 가운데 성서학자 루벤 A. 토리(1856–1928) 목사가 있었다. 그의 아들 루벤 A. 토리 2세(1887–1980)는 아버지의 신앙에 영향을 받아 중국에서 32년 동안 선교사로 활동했는데, 1945년 교통사고로 오른쪽 팔을 잃었다. 그는 중국이 공산화되자 미국으로 돌아갔다가 한국전쟁 중인 1952년 6월 30일에 기독교연합봉사회 소속으로 수족이 절단된 사람들을 돕기 위해서 60개의 의수족과 80개의 의수족 부품을 갖고 한국에 입국했다. 그해 가을부터 그는 전쟁으로 수족을 잃은 사람들, 특히 상이용사들에게 의수와 의족을 제공하는 일을 세브란스병원에서 시작했다. 이렇게 토리 2세는 기독교연합봉사회의 수족 절단자들을 위한 사업을 세브란스병원에서 실행하게 되었는데, 이 사업이 1961년 6월에 세브란스병원 재활센터로 이관되어 재활병원의 초석을 이루게 되었다. 우리에게 잘 알려진 예수원의 대천덕 신부는 루벤 A. 토리 3세(1918–2002)로서 토리 2세의 아들이었다.

1954년 세브란스병원에는 기독교 제반 단체의 도움과 아담스(Adams) 부인, 스캇(Scott) 부인 등의 협력으로 소아마비 진료소가 개설되었고, 1958년에는 국내 최초로 재활의학을 의과대학 정규과목의 하나로 운영하기 시작했다. 그리고 1959년에는 한국기독교 세계봉사회, 한미재단, 미8군, 유솜부인회, 서울 로터리클럽, 각종 기독교단체와 유지들의 후원으로 세브란스병원 내에 소아재활원을 개원했다. 1987년 5월에는 기존의 재활센터와 소아재활원의 자리에 우리나라 최초의 독립건물을 가진 145 병상의 재활병원을 신축해서 보다 포괄적이고 적극적인 양질의 재활치료를 제공하기 시작했다. 그 후 2011년에 증축과 리모델링을 거쳐 지금의 재활병원이 비로소 자리를 잡게 되었다. 한국의 다른 대형병원에서는 운영하지 않는 재활병원은 현재 164개의 병상과 함께 뇌자극 치료실, 로봇보행 치료실, 재활운동 치료실, 수 치료실, 균형운동 치료실, 체외충격파 치료실

재활병원 30주년 'The New Start 3-10-30' 행사

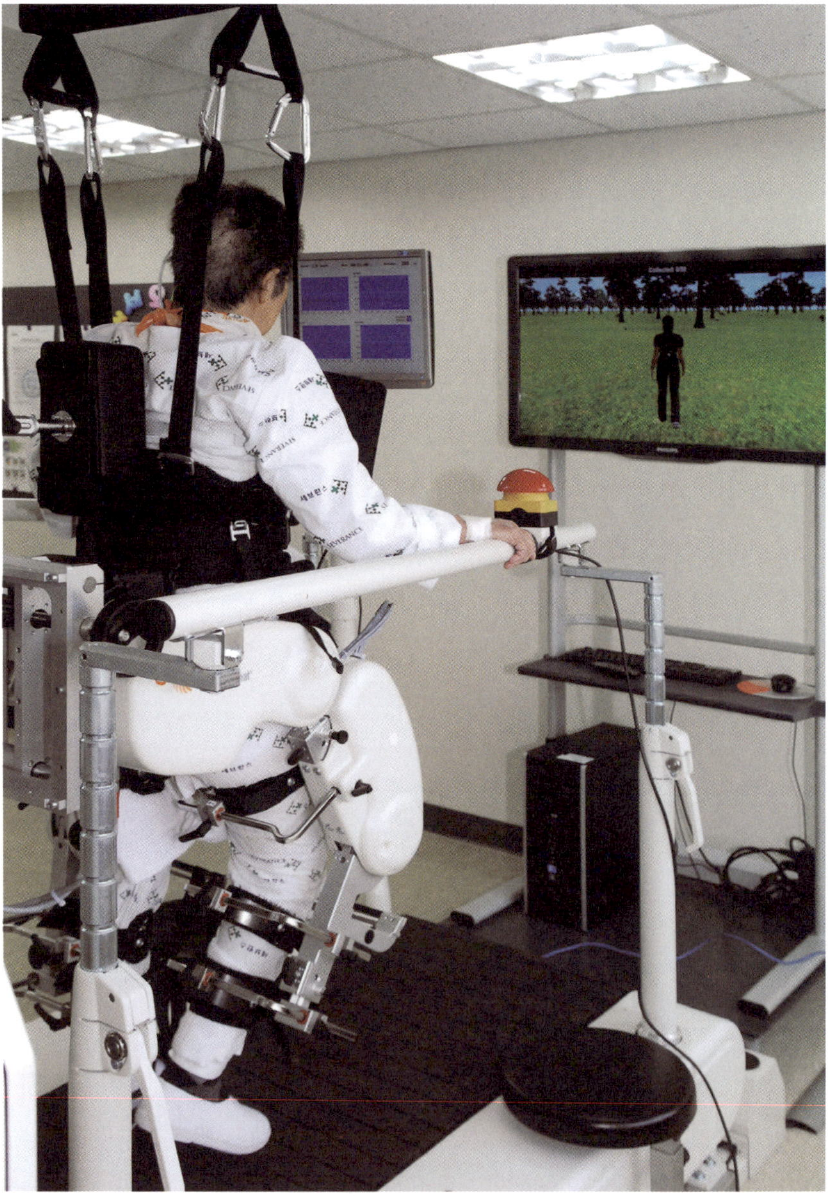

재활병원 로봇치료실

등 최첨단의 설비를 갖춘 최고의 전문병원으로 우뚝 서 있다.

세브란스 재활병원은 1992년에 불의의 사고나 질병으로 하반신이 마비되거나 사지가 마비된 척수환자들을 돕기 위해 '척수장애인후원회'를 조직했다. 2003년 이후에는 척수손상환자뿐 아니라 뇌졸중, 뇌손상, 뇌성마비 등 더 많은 장애인의 의료재활과 사회 복귀를 돕기 위해서 '연세의대재활병원장애인후원회'를 재조직해서 다양한 후원 활동을 전개하고 있다. 지금 후원회의 활동은 의료재활, 의료선교재활, 스포츠재활, 문화재활, 사회재활로 크게 나뉘어 있다. 의료재활은 경제적 어려움으로 적절한 치료를 받지 못하는 환자들과 사회에 복귀하여 귀감이 되는 환자들에게 재활의료비(의지제작비, 휠체어구입비, 자세교정의자지원비, 보행을 돕는 보조기제작비, 강직완화와 탈구예방을 위한 보톡스시술비 등)를 지원하고 있다. 의료선교재활은 발전된 재활의료를 알리기 위해서 다양한 국가의 의사나 치료사의 국내연수를 지원하고 해외환자 초청치료 및 국내외봉사활동을 지원하고 있다. 스포츠재활은 스포츠 활동을 통해 지속적인 신체건강과 사회재활을 도모할 수 있도록 연세 장애인 스포츠팀(연세이글스휠체어농구팀, 연세아이스슬레지하키팀, 연세휠체어테니스팀)을 창단, 팀의 월 운영비를 비롯하여 국내외 경기 참가비 등을 지원하고 있다. 문화재활은 미술, 음악 등 문화활동을 통한 정서함양과 자아실현을 도모하고, 삶의 질을 향상시키며 재활의지를 고취하기 위해 장애인문화동아리(찬양동아리 솔라피데, 장애인그림사랑동아리)와 장애인문화단체(수레바퀴장애인선교

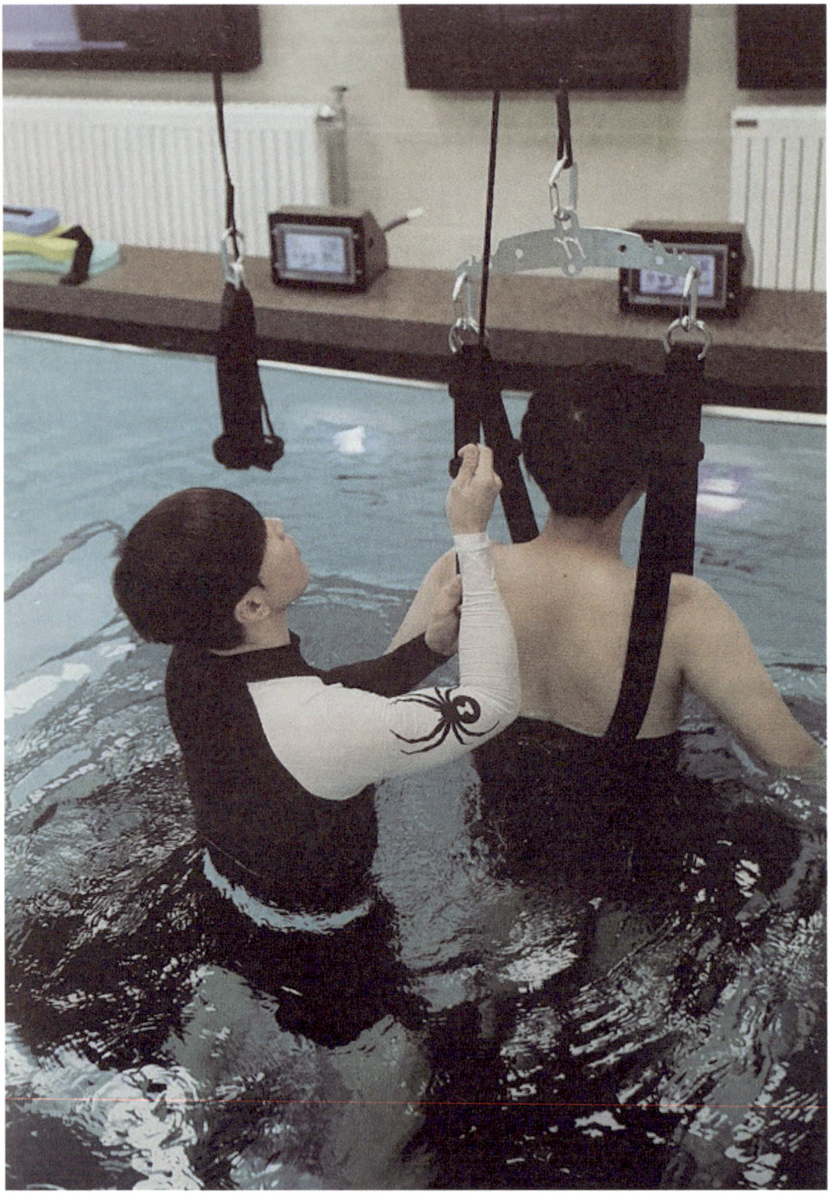

재활병원 수치료실

회, 한국휠체어장애인문화예술제)를 지원하고 있다. 그리고 사회재활은 장애인과 가족들의 재활의지를 격려하며 건강한 사회구성원으로 자리매김할 수 있도록 장애학생 장학금, 장애인 가정자녀 장학금, 재활병원 환우의 날 행사 등을 지원하고 있다.

후원을 받은 다양한 분들의 감사서신을 읽다 보면, 감동이 물밀 듯이 밀려온다. "18년 전 교통사고가 나면서 경추 5, 6번이 손상되었고 사지마비 장애인이 되었습니다. … 저는 휠체어가 없으면 어디에도 갈 수가 없고 보조 숟가락으로 밥을 먹어야 할 정도로 손의 사용에 제약이 많습니다. … 그렇지만 현재의 상황에 비관하지 않고, 같은 장애인들과 더욱 소통하며 활동하기 위해서 밖으로 나와 연세이글스 휠체어팀의 감독으로 긍정적이고 즐겁게 살기 위해 노력하고 있습니다. 앞으로도 이 마음 변치 않고 후원자님께서 마련해주신 새 휠체어를 타고 더 활발한 활동을 할 수 있도록 노력하겠습니다." "새로운 삶과 절망 속에서 희망을 주신 후원자님께 감사드립니다. 태어나면서부터 '선천성가관절'이라는 희귀병으로 오른쪽 다리를 10년 넘게 수술을 거듭하다가 끝내는 다리를 절단하게 되었습니다. … 후원자님 덕분에 편한 의족을 착용했을 때의 기쁨과 샘 솟는 의지는 새로운 꿈과 희망으로 활활 타오르기에 충분했습니다. … 저 또한 오늘의 감사의 마음과 희망의 감동을 잊지 않고 나눌 수 있는 사람이 되도록 노력하겠습니다." "저는 지적장애아를 키우는 엄마입니다. 아이가 자라면서 한쪽 다리가 짧아져 보톡스를 맞으면 좋아진다고 하셨지만, 보톡스 비용이 없어 망설이고 있었는데, 이렇게 후원해 주셔서 주사를 맞게 되었습니다. 얼굴도 이름도 모르는 분께서 후원해 주셔서 어떻게 보답해드려야 할지 모르겠습니다. 훌륭하게 키워서 불우한 이웃을 위해 도움이 될 수 있는 아이가 되도록 노력하겠습니다."

우리나라의 의료수가는 중증 재활환자에게는 유리하지만, 재활치료를 감당해야 하는 재활병원 입장에서는 만성적인 적자를 감수해야 하는 구조적인 어려움 속에 있다. 그러나 세브란스가 재활병원을 축소하지 않고, 최첨단의 설비투자와 함께 규모를 기꺼이 확대하는 것은 매우 감사하고 자랑스런 일이다. 한국의 중증 재활환자들은 다른 대형병원이나 대학병원에 재활병원이 없는 관계로 세브란스 재활병원에 입원해서 치료받기를 가장 원하고 있다. 세브란스 재활병원은 2017년에 창립 30주년을 맞이한 바 있다. 당시 재활병원의 리더들은 기념식이나 초청행사 등 소모적인 행사를 지양하고, 'The New Start, 3-10-30'이라는 새로운 지원프로그램을 운영하기로 결의했다. 이 지원프로그램은 기존의 장애인후원회에서 운영하는 후원과 별도로 매년 제3세계 국가의 재활분야 의료진 3명을 향후 10년간 30명 초청해서 연수를 책임지고, 매년 지역사회 재가환자 10명을 대상으로 10년 간 재가환자 100명에게 무료 치료를 하는 것을 핵심으로 하고 있다. 이 프로그램은 2018년 이미 몽골국립병원 내 재활의학센터 설립의 초석이 되었고, '10인의 기적'이라는 제목의 안내문과 포스터를 40여개 유관기관에 발송하여 그 기관들에서 추천받은 환자들의 재활 의지를 북돋는 사업으로 벌써 자리를 잡았다. 우리가 중증 재활환자들을 보면, 그들의 치료는 6개월이나 1년 정도로 끝나지 않고 상당한 기간이 소요된다. 그렇기에 이제는 한국교회가 특정 환자 1명을 선정해서 평생을 책임져주는 사랑을 구조적으로 실천하는 문화가 형성된다면 얼마나 좋을까 싶다.

실험동물 다솜의 날이 있는 세브란스

내가 연세의료원의 원목실장 겸 교목실장으로 취임한 날이 2014년 9월 1일이었다. 그해 12월 18일 '실험동물 다솜의 날' 행사에 초청을 받아서 기도를 하게 되었다. 이 날이 무슨 날인지 잘 몰랐던 나는 행사에 참석하면서 신선한 도전을 받았다. 처음에는 '다솜'이라는 단어의 의미조차 몰랐는데, 순서지 뒷면을 보고서야 '다솜'은 '사랑'의 순수한 우리말로 따사로움, 자상함의 의미로 분화된 말이라는 사실을 알게 되었다. 그리고 해를 거듭하며 연례행사로 참석하면서, '실험동물 다솜의 날'은 인류를 위해 희생된 실험동물들에 대한 윤리적 사용을 다짐하고, 동시에 동물실험을 수행한 연구자들의 노고를 위로하고 격려하기 위해 진행하는 행사임을 확실히 알게 되었다.

행사의 순서는 매년 비슷하게 진행된다. 연세의료원 동물실험윤리위원회(IACUC) 위원장 교수의 개식사가 있고, 이어서 동물실험 관련 윤리교육 특강이 있다. 대개 강사로 다른 대학의 IACUC 위원장이나 위원인 교수를 초청하는 것에 미루어 볼 때, 다른 대학들에도 유사한 행사가 있지 않나 싶다. 그리고 특별한 세레모니가 있는데, 이 세레모니의 처음 기도를 의료원 교목실장인 내가 한다. 기도가 끝나면 연세의료원 IACUC 위원장이나 부위원장 교수의 인사말이 있고, 연세의생명연구원 실험동물부장을 맡고 있는 교수가 '실험동물부 현황보고'를 한다. 그리고 다솜의 날 기념동영상 시청을 하고, 동물실험 윤리실천 결의문을 낭독한 후에 기념촬영을 하는 것으로 행사는 끝난다.

동물실험 윤리실천 결의문의 내용은 마치 사람을 대상으로 한 추모예식처럼 진지하며, 참석한 이들로 하여금 숙연해지게 한다. "지난 시간 우리 손을 거쳐간 소중한 생명을 기억합니다. 인류를 위한 그들의 고귀한 희생에 머리 숙여 감사하고, 이 시간을 통해서 생명의 존귀함과 동물복지를 고려하는 우리가 되겠습니다. 우리는 동물복지를 고려한 실험을 수행하기 위해 다음과 같이 결의합니다. 하나, Refinement, 우리는 과학적, 윤리적 실험방법을 이용하여 동물의 스트레스와 고통을 최소화한다. 하나, Reduction, 우리는 중복실험을 최소화하여 동물의 희생을 줄인다. 하나, Replacement, 우리는 대체수단을 이용하여 동물실험을 줄인다. 하나, Remember, 우리는 인류를 위한 동물들의 희생을 기억하며 기린다. 이 자리에 모인 우리는 윤리실천 결의를 가슴 속에 깊이 새겨 실험동물의 희생을 줄이는 데 최선을 다하고, 동물복지를 고려한 동물실험을 할 것을 다시 한번 약속합니다."

다솜의 날 순서지 마지막 면

소박하게 만든 순서지의 마지막 면에는 쥐를 비롯한 설치류의 귀여운 동물들, 곱상한 토끼, 당당해 보이는 개, 친근함이 넘쳐나는 원숭이 등 동물의 사진들이 나열되어 있고, 여러 동물들 한가운데는 영어로 다음 문장이 자리 잡고 있다. "Happy animals make good science." 동물들이 행복할 때 좋은 과학이 된다는 의미일 것이다. 인간 중심적인 사고로 동물을 볼 때, 모든 동물은 어디까지나 인간을 위한 먹거리나 인간 필요의 수단이 될 수 있다. 물론 하나님의 창조질서를 따르면, 모든 동식물은 인간의 먹거리로 허락된 것이 사실이다. 그러나 하나님께서는 동식물들에 대해서 인간 마음대로 해도 좋은 것처럼 제한없이 허락하지는 않았다. 왜냐하면 창조주 하나님께서는 당신께서 '보시기에 좋았다'고 선언한 자연의 존재할 이유를 보증하셨고, 인간을 당신의 청지기로 삼아서 당신의 피조물들과 공존할 것을 명하셨으며, 자연(동식물)의 모든 존재에 대해서 이름을 짓게 함으로 책임있는 사랑의 관계를 맺도록 하셨기 때문이다.

동물도 인간과 마찬가지로 고통을 느끼며, 열악한 환경에서는 스트레스를 받는 것이 분명하다. 그들은 자신의 고통과 스트레스를 어떤 형태로든 드러내고 있는데, 둔감한 인간들이 이를 의도적으로 외면하거나 인간의 방식과 다르다며 무시하고 있을 뿐이다. 지금 코로나19라는 세계적인 재난이 도래한 것은 인간의 탐욕으로 인한 무한 개발이 원인이라고 한다. 산업혁명 이래로 물질문명이 급격히 성장하면서 세계 인류는 편리한 삶을 이유로 막대한 양의 탄소를 배출하고 있다. 그로 인해 환경은 오염되고, 숲은 사라지고, 지구온도는 상승하고, 빙하는 녹고, 바닷물의 온도는 상승하고, 일정했던 기후는 뒤죽박죽이 되고, 동식물의 서식지는 점점 축소되고 있다. 그 결과 동물을 숙주로 자기 생명성을 유지하던 바이러스가 이제는 인간을 숙주로 하면서 인수공통감염병으로 생겨난 것이 코로나19가 아닌가. 이제라도 우리 인간은 살아온 삶의 방식을 돌이키고, 자연 친화적인

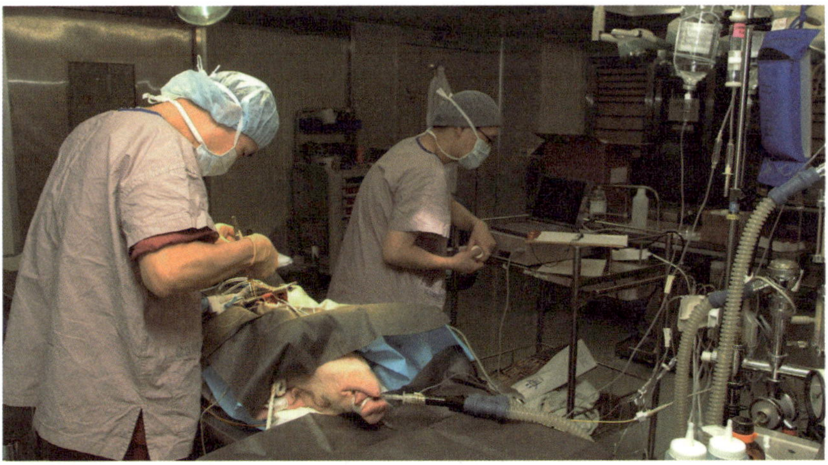

동물실험의 한 장면

사고를 해야 하며, 동물의 생명을 향한 권리와 동물의 행복할 권리까지 배려하고 연대하는 자리로 나아가야 한다. 바로 이러한 점에서 '실험동물 다솜의 날'은 참으로 의미 있는 날이다.

이제 2019년 12월 17일에 개최된 '실험동물 다솜의 날' 행사에서 내가 기도한 기도문을 공유해 본다.

"모든 생명을 창조하시고, 보시기에 좋았다 선언하시며 생명의 존엄성을 보증하신 하나님, 당신께서는 인간의 생명만 창조하신 것이 아니라 동물의 생명도 동일하게 창조하셨고, 그 모든 생명이 서로 공존하며 풍성한 생명을 누리며 살기를 원하십니다. 그런데 우리는 동물의 생명은 말할 것도 없고 인간의 생명조차 존엄하게 대하지 못할 때가 적지 않았고, 우리 자신의 이해관계에 따라 임의로 다룰 때도 종종 있었습니다. 우리를 불쌍히 여기시고, 당신의 자비를 베풀어주십시오. 참새 한 마리가 땅에 떨어지는 것조차 간섭하시는 하나님, 당신께서는 창조의 섭리 가운데 모든 생명을 창조하셨고, 생명마다 존재해야 할 이유를 부여하셨습니다. 당신께서는 연약하고 말 못하는 동물들을 보호하기 위해서 인간을 청지기로 택하여 관리하게 하셨습니다. 그런데 우리는 돈이 되는 일이라면 동물의 울부짖는 고통이라도 개의치 않고 마구 다룰 때도 종종 있었습니다. 우리를 불쌍히 여기시고 당신의 자비를 베풀어주십시오. 모든 생명을 사랑하시어, 피를 흘린 자에게 반드시 피를 흘릴 것이라고 경고하신 하나님, 오늘 우리는 실험동물 다솜의 날을 맞아 인간의 생명을 증진하는 과정에서 희생된 동물들을 추념하기 위해서 모였습니다. 인류를 질병의 고통에서 자유롭게 하고자 동물실험을 할 수밖에 없었던 우리의 안타까운 현실을 헤아려 주십시오. 동물들이 죽거나 고통당하는 상황에 대해서 불쌍하다는 생각을 하면서도 실험할 수밖에 없었던 우리 연구자들을 위로해주십시오. 우리를 생명의 푸른 초장으로 인도하시는 하나님, 우리가 실험할 때 희생된 동물들에 대해서 미안한 마음, 안타까운 마음, 빚진 마음을 갖게 하시고, 우리의 실험이 헛된 실험이 아니라 의학 발전의 초석이 되게 도와주십시오. 오늘 다솜의 날 행사가 연세의료원과 세브란스를 세계적인 기독교 의료기관으로 비상하게 하는 의미있는 행사가 되도록 이끌어주십시오. 성탄의 기쁨과 평화를 소망하며, 예수 그리스도의 이름으로 기도합니다. 아멘."

제3장

나눔의 감동

우리나라 최초의 의료사회사업팀을 만들어 희망과 감동을 나누는 세브란스

교직원들이 월급 1% 나눔에 참여하는 세브란스

노사공익기금으로 이웃사랑을 실천하는 세브란스

“내 것이 아니니 모두 나눕니다.”라고 말하는 어느 기부자의 감동이 있는 세브란스

한국에서 사역한 선교사와 그 가족을 위해서 안면 마스크를 나눈 세브란스

우리나라 최초의 의료사회사업팀을 만들어 희망과 감동을 나누는 세브란스

세브란스는 1958년 기독교세계봉사회의 원조를 받아 흉곽내과에 김성분 사회사업사를 배치하여 결핵약품과 식품, 구호물자를 배급하는 우리나라 최초의 의료사회사업 업무를 시작했다. 1960년에는 재활병원의 전신인 의수족부에 김영혁 사회사업사를 배치해서 재활의료사회사업 업무도 최초로 시작했다. 이후 1964년 1월에는 미국감리교 세계선교부가 파송한 미국인 전문의료 사회사업사 주아니타 쇼(Juanita R. Shaw) 여사와 그를 돕는 한국인 비서를 채용해서 사회사업과를 독립적인 부서로 설치하고, 전문적인 의료사회사업 활동을 전개했다. 주아니타 쇼 여사는 한국전쟁 당시 맥아더 장군의 한국어 통역장교로서 인천상륙작전의 선봉이 되어 진군하던 중 전사한 윌리엄 해밀턴 쇼(William Hamilton Shaw) 대위의 부인으로 남편의 한국인 사랑을 이어가기 위해서 내한한 분이었다. 당시 세브란스의 의료사회사업은 국내에서 이루어지던 기존의 사회사업과는 달리 초창기부터 물질적 원조와 심리사회적 접근, 다학제적 팀워크를 동반한 진일보한 의료분야의 사회사업이었다.

주아니타 쇼(Juanita R. Shaw) 여사와 함께 한 최초의 의료사회사업팀(1964)

우리나라 최초로 출발한 세브란스의 의료사회사업은 크게 네 가지 특징을 지니고 있다. 첫째는, 기독교적 정체성으로부터 출발하고 있다는 것이다. 예수께서는 주는 것이 받는 것보다 복되다고 말씀하셨다(사도행전 20:35). 그분은 강도를 만나 죽어가던 유대인에게 자비를 베푼 선한 사마리아 사람처럼 그렇게 자비를 베풀며 살라고 명령하셨다(누가복음 10:37). 세브란스는 신실한 기독교 장로였던 사업가 세브란스 씨의 기부 덕분에 제대로 된 서양식 병원으로 건축되었는데, "받는 당신들의 행복보다 주는 나의 행복이 더 큽니다."라고 말한 세브란스 씨의 정신을 계승하고 있다. 세브란스병원의 전신인 제중원(濟衆院)은 "사랑과 은혜를 널리 베풀어서 뭇 사람을 구제한다."는 의미의 박시제중(博施濟衆)이란 말에서 비롯된 이름인데, 지금 "하나님의 사랑으로 인류를 질병으로부터 자유롭게 한다."는 연세의료원의 명확한 사명은 그동안 연연히 흘러온 기독교 정신을 요약한 것이라 할 수 있다.

둘째는, 세브란스의 의료사회사업은 약자에 대한 우선적인 관심을 표현하고 있다는 것이다. 예수께서는 인류를 구원하기 위해서 세상에 오셨지만, 누구보다 가난하고 병들고 소외되고 죄인으로 취급당하는 사회적인 약자들에게 우선적인 관심을 주며 그들의 친구로서 절실한 필요를 채워주며 하나님 나라의 복음을 전하셨다. 세브란스는 극빈 저소득층의 입원환자나 외래 환자들에 대해서는 예외없이 긴급 진료비를 지원하고 있다. 응급실에 온 응급 환자들 중에 치료비를 지불할 수 없는 노숙자, 무연고자 환자들에 대해서는 선한 사마리아인 SOS프로젝트를 통해서 치료비 전액을 지원하고 있다. 불치병이나 희귀난치병으로 고통당하는 가난한 환자들에 대해서는 개인, 기업, 재단 등의 기부와 연계해서 지원하고 있다. 국내는 물론이고 해외 저개발국 국가의 어려운 환자들에 대해서는 해외재난구호 기금이나 '글로벌 세브란스 글로벌 채리티' 기금 등으로 지원하고 있다.

셋째는, 세브란스의 의료사회사업은 전인건강과 전인치유를 목표로 노력하고 있다는 것이다. 세계보건기구(WHO)에 의하면, 건강이란 질병이 없거나 허약하지 않을 뿐 아니라 육체적, 정신적, 사회적, 영적 안녕이 역동적이며 완전한 상태를 의미한다. 같은 맥락에서 의료사회사업은 '환경 속의 인간'(Person in environment) 개념을 바탕으로 질병의 치료 외에도

세브란스 의료사회사업 60주년 심포지엄

환자와 가족의 심리정서적 측면, 사회 재적응 및 역할 수행 등을 포함해서 환자의 통합적이고 전체적인 삶의 질 향상을 위해서 전인적 차원으로 개입하는 것이다. 이를 위해서 세브란스는 환자들을 정서적으로 지지하는 프로그램이나 질환별 캠프, 자조집단 등을 운영하고 있다. 암 환자와 가족들이 함께 여행하도록 지원하는 프로그램을 운영하고 있다. 영화제나 각종 공연을 정기적으로 개최해서 환자와 가족들의 정신적 안정을 도모하고 있고, 원목실과의 긴밀한 협력을 통해서 영적 돌봄을 제공하고 있다.

넷째는, 세브란스의 의료사회사업은 사회적 공헌을 위한 책임으로 확장하고 있다는 것이다. 세브란스의 교직원들은 사회사업팀의 활동을 지원하기 위해서 자기 월급에서 매달 1%를 자발적으로 기부하고 있고, 자선가게 세움을 통해서 교직원들이 기부한 물건을 판매하여 환자들을 지원하는 기금을 이중으로 마련하고 있다. 또한 세브란스 노사공익기금을 통해서 직원 봉사활동, 사회공헌 캠페인, 지역의 독거노인 등을 위한 다양한 지원활동을 전개하고 있다. 시, 군, 구청의 유관 기관과의 협업을 통해서 지역사회로 퇴원하는 환자와 의료 소외계층을 섬기기 위해서 힘을 모으고 있고, 특정 지역 제주 시흥리와 우도면 마을 등과 자매결연을 맺어 정기적인 진료 봉사활동을 펼치고 있다. 또한 의료수어통역 서비스 및 교직원 수어교육을 통해서 세브란스에 내원하는 청각장애인들의 알 권리를 보장하고 있고, 나아가 지난 1971년 이래로 지역사회와 연계한 자원봉사 프로그램을 활발히 운영하고 있다.

현재 세브란스 사회사업팀이 특색있게 운영하는 기금들을 살펴보면 매우 다양하다. 사회사업팀 식구들이 의미를 담아서 재치있게 이름을 지은 것이 매우 돋보인다. 세브란스 사회사업팀은 환자의 의료비 후원을 위해서는 '선한 사마리안 기금'을, 환자의 복지증진을 위해서는 '징검다리기금'을, 사회공헌을 위해서는 '모퉁이돌기금'을 운영하고 있다. '선한 사마리안 기금'에는 새로운 둥지를 찾아온 북한이탈주민을 위한 '한둥지새터민기금'과 재외국인 및 외국인 노동자를 위한 '한둥지외국인기금'이 있고, 아픔을 함께 나눈다는 차원에서 다문화가정을 위한 '무지개기금', 다둥이 가정을 위한 '다둥이기금', 조손 · 한 부모 · 소년소녀가장 · 무의탁노인 가정을 위한 '사랑플러스기금', 목회자 가정을 위한 '라파기금'이 있다. 보다 나은 삶

사회사업팀 소속의 자원봉사자들 활동

의 질을 제공하고자 안과 환자를 위한 '밝은 빛 기금', 이비인후과 환자를 위한 '맑은 소리 기금', 재활의학과 환자를 위한 '희망날개기금', 정신과 환자를 위한 '어깨동무기금'이 있다. 천사처럼 지원하는 마음을 담은 암환자를 위한 'Beyond Cancer 기금', 응급재난환자를 위한 '119기금', 어린 자녀를 둔 환자를 위한 따뜻한 '부모사랑 기금', 만성질환자를 위한 'Step by Step 기금', 장기이식환자를 위한 '나너우리기금', 심장질환자를 위한 '심장사랑기금'이 있다.

'징검다리기금'에는 아픔을 겪고 있는 사람들과 희망을 공유하는 마음으로 멘토링을 위한 'Hope Mentor 기금'이 있고, 병원 생활로 힘든 환자와 가족들에게 다양한 쉼을 제공하는 포근한 문화쉼터와 병동 생일파티, 어린이날 행사와 성탄행사 등을 위한 'Joy Pop 기금'이 있다. 환자와 가족들의 캠프활동 지원을 위한 'Hope Trip 기금'이 있고, 자신의 인생과 삶에 대해 진지하게 마주할 기회를 제공하는 문화강좌를 위한 'Hi Academy 기금'이 있다.

'모퉁이돌기금'에는 충분한 의료 서비스를 이용하지 못하는 이웃들을 직접 찾아가 최고의 친구가 되겠다는 마음으로 진료봉사, 방문건강강좌, 직원사회봉사 등의 활동을 지원하는 '함께걸음기금'이 있고, 환자들에 대한 잘못된 편견과 그릇된 지식을 정정할 목적으로 사회공헌 캠페인을 전개하는 '행복두드림기금'이 있다. 또한 의료기술의 부족으로 자국에서 치료하기 어려운 외국인 환자들을 초청하여 치료하는 '따뜻한초대기금'도 있다. 이 글을 읽는 독자들도 관심을 갖고 기금에 참여해서 우리 세브란스 사회사업팀을 후원하는 파트너가 되면 참 좋겠다.

우리는 흔히 사회사업팀이 운영하는 기금을 '선한 사마리안 기금'처럼 환자들의 의료비를 지원하는 목적 정도로만 생각하는 경향이 있는데, 세브란스 사회사업팀은 환자들의 심리적인 재활과 사회적응에도 관심을 갖고 그에 상응하는 적절한 지원을 하고 있다. '징검다리기금'은 질환을 극복한 환자들이 사회로 건강하게 복귀할 수 있는 징검다리 역할을 할 수 있도록 운영하는 기금으로 환자의 질병 치료에 머물지 않고 온전한 전인 치유를 추구하는 세브란스의 정신을 담고 있다. '모퉁이돌기금'은 예수께서 친히 교회의 모퉁이돌이 되시어 인류 구원의 초석을 이루신 것처럼, 세브란스가 사회의 구석구석을 돌아보며 섬기기 위해서, 특별히 환자들에 대한 편견을 줄이며 우리나라를 넘어 세계 가난한 나라의 의료환경을 개선하는 모퉁이돌과 같은 역할을 하고 있다.

세브란스의 사회사업팀을 통한 다양한 지원은 환자들의 질병을 치료할 뿐 아니라 환자들의 마음을 어루만지며 위로하고, 그 가족들을 화해와 사랑으로 이끄는 촉매제가 되고 있다. 육체의 질병과 함께 다가오는 병원비의 부담은 환자와 가족들의 마음에 큰 부담을 주는 동시에 때로는 가족 간의 사랑과 신뢰의 관계를 어렵게 만들기 때문이다. 그러므로 인생의 절박한 순간에 긴급한 도움을 받은 환자들은 얼굴도 모르는 자신에게 재정적인 도움을 준 세브란스와 후원자들에 대해서 "받은 사랑의 고마움을 잊지 않고 작게라도 남을 돕는 일에 앞장서겠고, 어려운 사람을 만나면 보탬이 되는 사람이 되겠다."고 말한다. 후원자들이 자신에게 삶의 생기를 불어넣어 준 것처럼, 자신도 이웃의 어려움을 공유하며 '선한 영향력'을 나누는 사람이 되겠다고 결심한다. 게다가 하나님께서 당신의 사람들을 통해서 큰 사랑을 베풀어주셨고, 고난을 통해서 감사의 소중함을 깨닫게 하셨으니, 이제는 남은 인생을 하나님께 영광을 돌려드리며 살겠다고 고백한다.

이처럼 세브란스가 사회사업팀을 통해서 펼치는 모든 활동과 지원은 기적을 일으키는 통로가 되며, 세상은 아직 살만하다는 것을 여실히 보여준다. 나는 우리 세브란스의 사회사업팀이 최초의(the First) 의료사회사업팀이라는 점에서 자긍심이 큰 한편, 환자와 가족들에게 언제나 희망과 감동을 전하기 위해서 열과 성을 다하고 있다는 점에서 최고의(the Best) 의료사회사업팀이라고 감히 확신한다.

교직원들이 월급 1% 나눔에 참여하는 세브란스

1958년 한 명의 사회사업사 김성분 선생을 통해 국내 최초로 의료사회사업을 시작한 세브란스 사회사업팀의 주요 활동은 크게 세 가지로 볼 수 있다. 첫째는 사회사업을 위한 상담이다. 의료현장에서 발생하는 각종 상담과 서비스 지원, 지원연계 활동 등을 통해서 환자와 가족들이 겪는 의료외적인 어려움, 특히 치료비 마련의 어려움과 심리정서적인 어려움을 극복할 수 있도록 돕는 것이다. 둘째는 후원 협력관계의 형성이다. 높은 수준의 의료서비스, 전문적인 사회복지 지원체계를 바탕으로 기업이나 단체의 기부하려는 선한 의지와 환자의 문제 영역을 조정하여 환자와 가족들이 더 편안하게 진료를 받고 회복할 수 있도록 기업이나 단체와 협력활동을 펼치는 것이다. 셋째는 사회공헌 활동이다. 의료의 공공성을 강조하는 시대적인 흐름에 맞추어 진료봉사나 문화활동 지원, 다양한 사회적인 지원과 캠페인 등을 통해 지역사회와 연계하여 사회공헌 활동을 전개하는 것이다.

세브란스 사회사업팀은 2008년 2월 사회사업팀 50주년의 해에 "우리

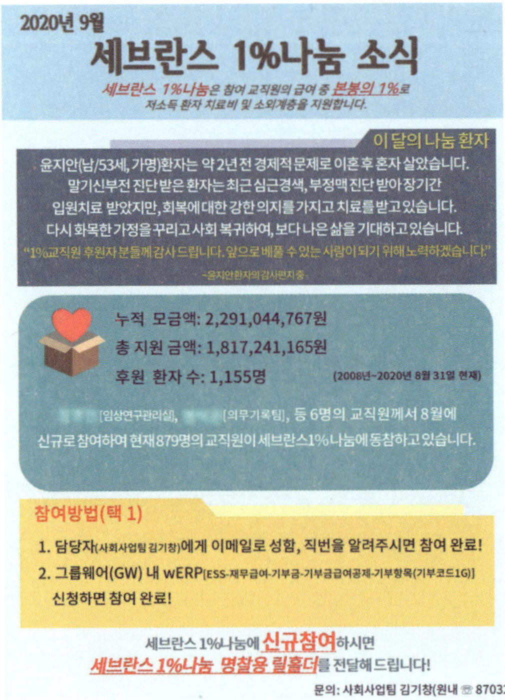

세브란스 1%나눔 소식 (2020년 9월)

병원에서는 최소한 돈이 없어서 치료를 받지 못하는 환자가 없도록 하자"는 목표 아래 위기상황에 있는 환자와 가족에게 세브란스 교직원의 이름으로 사랑과 희망을 전하자며 급여 중 본봉의 1%를 나누는 운동을 전개했다. 당시 세브란스병원 4천 9백여 명의 교직원 가운데 18.7%인 915명이 1% 나눔 운동에 호응하며 참여했다. 그때부터 지금까지 일관되게 후원하고 있는 김현옥 교수는 10주년 인터뷰에서 후원을 결심한 동기를 이렇게 말했는데, 이는 참여하는 모든 교직원의 마음을 대변한 것으로 보인다. "한국에서 의사라라는 직업을 갖고 세브란스병원 같은 좋은 환경에서 일할 수 있었던 건 행운이죠. 그래서 할 수 있는 한 제가 받은 걸 나눌 수 있는 활동을 해야 한다고 생각했고 ... 그래서 세브란스에서 1% 나눔 운동을 시작한다고 했을 때 참 반가웠고, 고민 없이 후원을 시작했어요. 급여의 1%면 부담스럽지도 않은 금액이고, 게다가 우리 병원을 찾는 환자들을 도울 수 있으니 거절할 이유가 없었죠."

2020년 9월 초 사회사업팀 보고를 보면, 12년 남짓 운영해온 1% 나눔 운동의 모금 및 지원 성과를 일목요연하게 알 수 있다. 누적 후원금은 2,291,044,767원이었고, 전체 1,155명의 환자들에게 총 1,817,241,165원을 지원했다. 사업 실패 후에 이혼하고 혼자 살던 한 환자는 심근경색과 부정맥으로 장기간 입원치료를 받느라 고액의 진료비가 발생했는데, 경제적 수준이 낮은 생활수급자인지라 진료비 마련이 어려웠다. 이를 파악한 의료진과 사회사업팀은 세브란스 1% 나눔 후원금으로 그의 진료비를 지원했는데, 그는 퇴원하자마자 다음과 같은 감사의 편지를 보내왔다. "시간이 지나면서 많은 병원비가 저를 힘들게 했습니다. 병동 간호사 선생님과 사회사업사 선생님이 아니었다면 더욱 힘들었을 것입니다. 수시로 찾아와 긍정적인 메시지를 주시어 희망을 가지고 견딜 수 있었습니다. 특히 '세브란스 1% 교직원 후원금'을 통해 지원받을 수 있어 감동을 받았습니다. … 앞으로 저도 베풀 수 있는 사람이 되기 위해 노력하며 살겠습니다. 세브란스의 모든 선생님들께 머리 숙여 감사드립니다."

세브란스 1% 나눔 운동의 후원금으로 실행하는 사업 가운데 특히 감동적인 것은 2015년 이래로 성탄 절기마다 실행하는 소원트리 행사이다. 사회사업팀은 세브란스 본관 3층에 소원트리를 만들고, 환자나 가족 또는 주변 지인들이 예쁜 엽서에다 자신의 소원을 써서 걸 수 있도록 환경을 제

서대문 정담은푸드마켓 차량 전달식

공한다. 대개는 환자의 쾌유를 기원하는 내용이지만, 담당자들은 수천 장의 엽서를 일일이 읽으며 내용별로 분류하고, 세브란스 차원에서 해결할 수 있는 소원에 대해서는 구체적으로 응답한다. 치료비나 의료기기 구입 부담으로 인한 절박한 소원에서 환자 가족의 여행에 대한 소원에 이르기까지 어느 정도의 비용이 필요한 소원들에 대해서는 논의를 거쳐 1% 나눔 후원금으로 지원한다. 어떤 장애인 환자에게는 전동휠체어를 전달했고, 뇌종양을 앓으면서 역사 선생의 꿈을 갖고 있는 환아에게는 태블릿 PC를 지원했으며, 장애를 가진 아이를 키우느라 여행을 못해 가족여행이 소원이었던 가족에게는 여행비용을 부담했는데 이는 몇 가지 사례일 뿐이다. 소원트리 행사시에 우리 원목실은 소원트리에 담긴 간절한 소원들이 남김없이 이루어지도록 교역자들과 사회사업팀, 병원 관계자들과 함께 기도회를 개최한다. 생명의 근원이신 하나님의 도움보다 더 큰 도움이 있겠는가.

세브란스 1% 나눔 운동의 활동은 세브란스병원 울타리로 한정되지 않고 지역사회로 확장된다. 2015년 4월에는 서대문구청, 서대문구사회복지협의회와 '어르신과 함께 하는 나들이' 사업을 위한 협약을 맺고 안산 자락길에 휠체어보관소 및 휠체어 25대, 지팡이 20개 구입을 위한 2,000만 원의 비용을 지원했다. 그래서 안산 자락길을 이용하는 어르신들은 언제라도 편안하게 산책할 수 있게 되었다. 세브란스는 1% 나눔 운동의 후원금으로 서대문구청이 시행하는 100가정 보듬기 사업에도 참여하고 있다. 이 사업은 서대문구 주민 가운데 복지사각지대에 있는 가정이 어느 정도 자립할 때까지 일정 금액의 후원금을 정기적으로 지원하는 방식인데, 우리 세브란스는 100호

세브란스 소원트리

세브란스1%나눔운동 10주년기념전시 행사

가정과 500호 가정을 맡아서 지원하고 있다. 이정근 서대문구 복지문화국장은 세브란스 1% 나눔 운동의 의미를 이렇게 말한다. “세브란스의 많은 교직원이 급여 1%를 후원하고 계신데, 1%는 결코 적지 않은 금액입니다. 그 정성을 모아 세브란스가 지역사회를 돕고 함께 호흡한다는 것은 의미가 매우 큽니다. ... 세브란스의 1% 나눔 운동과 같은 사회공헌 활동이 다른 곳으로도 확산되고 널리 퍼져서, 더 살기 좋은 사회가 만들어지기를 바랍니다.”

우리 세브란스는 12월 첫 주를 세브란스 1% 나눔 주간으로 정하고, 연말 감사나누기 캠페인과 함께 신규 교직원들의 참여 확대를 위한 다양한 이벤트를 진행하고 있다. 사회사업팀은 참여하는 교직원들의 자긍심을 더하고 원내에 나눔의 가치를 강화하고자 1% 나눔 운동 참여자들에게 배지를 만들어서 배부하고 있다. 배지는 한 그루의 나무가 모여 큰 숲을 이루는 모양을 형상화한 것이다. 세브란스 1% 나눔 운동 10주년 보고서의 제목 『작지만 큰 1 이야기』는 배지와 같은 의미이다. "나는 1입니다. 1%의 나눔으로 100%의 희망을 전하는 1입니다. 작디작은 내가 어떻게 이처럼 커다란 기적을 만들 수 있었을까요? 질병의 아픔을 안고 있지만 제대로 치료받을 수 없는 사람들, 이들의 안타까운 삶을 외면할 수 없다는 마음으로 1% 나눔 운동이 시작되었습니다. 우리는 1%의 정성으로 기금을 모으고, 작은 나눔을 시작했습니다. 이국땅에서 세브란스를 건립한 세브란스 씨의 마음도 이와 같았을 것입니다. ... 많은 이가 조금씩 보탠 1%로 수많은 환자가 건강한 삶과 웃음을 되찾았습니다. 세브란스에서 마음까지 치료 받습니다. 씩씩하고 힘차게 걸어갑니다." 나는 마음뿐만 아니라 물질까지 나누는 일에 적극적으로 앞장서고 있는 세브란스 교직원들이 자랑스럽고, 이들이 바로 우리 세브란스 역사의 결정체라 여기며 감사하고 있다.

노사공익기금으로 이웃사랑을 실천하는 세브란스

1960년 7월 21일 세브란스병원노동조합은 4.19혁명으로 자유와 민주주의의 열망이 컸던 시기에 식당과 청소 영역에서 일하던 노동자들 중심으로 '보다 나은 생활과 권리를 찾기 위하여' 창립되었다. 한국 의료계에서는 최초로 조직된 노동조합이었으나, 1961년 5.16쿠데타 군사정권에 의해서 활동을 시작한지 1년 만에 강제로 해산되었다. 하지만 굴하지 않고 뜻을 모아 1963년 2월 9일 다시 결성해서 의료계 노동조합의 씨앗을 심었다. 1972년 12월 국가비상사태 선포로 인해서 단체교섭권, 단체행동권을 빼앗겼지만 청소분회, 원주기독분회 등을 결성하며 조직을 키웠고, 간호사들이 집단으로 가입하면서 병원노동조합의 위상을 갖추게 되었다. 21대를 이어서 22대 노조위원장으로 수고하는 권미경 위원장은 의료계 최대이자 최초의 노동조합으로서 "함께 잘 사는 길을 책임 있게 열어가겠다"고 말하면서, "우리 사회의 아픈 곳을 돌보는 일도 소홀하지 않겠다"고 밝힌 바가 있다. 또한 권 위원장은 일과 삶의 균형을 통해서 미래를 꿈꿀 수 있는 일터를 만들어갈 것과, 차이의 인정과 상호존중을 통해서 공존의 즐거움과 연대의 가치를 만들어갈 것을 강조한 바가 있다. 이러한 권 위원장의 포부는 노동조합 60년의 역사를 계승한 결정체라고 볼 수 있다.

2005년 최초의 직선제 선거를 통해서 노동조합 대표가 된 15대 조민근 위원장과 연세의료원 13대 지훈상 의무부총장 겸 의료원장이 서명한 임금 협약에 의해서 의미심장하게 마련된 것이 세브란스노사공익기금이었다. 이는 "받는 당신들의 행복보다 주는 나의 행복이 더 크다."는 세브란스 씨의 나눔 정신을 이어받아 노사가 함께 기금을 마련하여 공익적인 차원에서 의미 있는 활동을 전개하자는 의도로 출발한 것이었다. 처음 5년 동안은 매년 5,000만 원씩 노사가 각각 출연했던 것이 2010년 이래로는 매년 1억 원씩을 각각 출연하고 있다. 2020년 코로나19라는 세계적인 재난으로 인해서 의료원의 예산이 각 실처마다 대폭 삭감되는 상황인데도, 노사공익기금만은 노사가 각각 1억 원씩 그대로 출연할 것을 합의한 것은 우리 세브란스의 사회적인 책무가 무엇인가를 다시금 확인하도록 한다. 그동안 세브란스노사공익기금은 질병과 치료비의 부담으로 고통당하는 원내 환자들은 물론이고 어려운 환경 가운데 사는 지역사회 주민들, 나아가 긴급한 도움을 필요로 하는 세계 도처의 재난지역 사람들에 이르기까지 나눔이 필요한 사람들을 대상으로 한 세브란스 나눔 활동의 토대로 소중하게 활용되고 있다.

지금 세브란스노사공익기금은 세브란스병원 노동조합과 사측의 위상을 드높일 뿐 아니라 세브란스의 정신을 실천하는 상징으로 자리잡고 있다.

노사공익 기금 전달식

사실 세브란스병원은 주인이라고 할 누군가가 분명치 않은 병원이다. 한국의 대표적인 대형병원들은 일부는 국가가 주인이고, 일부는 기업이 주인이라고 볼 수 있지만, 세브란스병원만은 어느 카테고리에도 들지 않는 순수 민간 병원으로 사측조차 사측이라고 볼 수가 없다. 결국 세브란스병원은 선교사들에 의해서 세워진 하나님의 병원으로서 교직원 모두가 하나님의 청지기가 되어 기독교적 가치를 실현하는 병원인 셈이다. 세브란스병원이 무슨 일을 하든 성경 말씀을 기본적인 방향과 지침으로 삼는 것은 그러한 이유에서 기인한다. "우리가 선을 행하되 낙심하지 말지니, 포기하지 아니하면 때가 이르매 거두리라."는 갈라디아서 6장 9절의 말씀은 어떤 상황에서든 공공의 선과 공익을 위해서 중단하지 말라는 의미로써, "네 시작은 미약하였으나 네 나중은 심히 창대하리라."는 욥기 8장 7절의 말씀은 우리의 주인이신 하나님께서 우리의 일을 책임져주실 것을 믿고 담대히 나아가야 한다는 의미로써, “우리가 알거니와 하나님을 사랑하는 자 곧 그의 뜻대로 부르심을 입은 자들에게는 모든 것이 합력하여 선을 이루느니라.”는 로마서 8장 28절의 말씀은 모든 구성원들이 서로 협력하여 하나님의 선을 이루기 위한 시너지를 만들라는 의미로써 붙잡고 있는 말씀들이다.

세브란스는 노사공익기금을 적절히 사용하기 위해서 다양한 유형의 교직원 봉사팀과 노사공익기금운영위원회를 통하여 나눔을 실천할 대상과 기관을 찾아 꾸준히 활동하고 있다. 그동안의 활동을 요약하면, 인근 각처의 복지기관에 기금을 직접 후원하는 방식, 언더우드 선교사의 자부 에델 언더우드(Ethel Underwood)가 고아 청소녀들을 위해서 만든 세브란스의 자매기관 에델마을에 필요한 물품과 비용을 제공하는 방식, 어려운 지역 주민들을 찾아가서 김장김치를 나누고 이불을 나누고 직접 손뜨개질해서 만든 물품을 나누는 방식, 지방의 특정 지역을 정해서 좋은 농산물을 적당한 가격으로 공동구매하여 교직원들에게 저렴하게 판매하는 방식, 의료혜택이 열악한 지역 주민을 위해서 건강검진과 무료진료를 하는 방식, 서울시 여러 구청의 협조를 받아 경제적으로 어려운 청소년들에게 교육비와 교복을 지원하는 방식, 원내의 경우에는 치료비가 절박한 환자들에게 치료비를 후원하는 방식 등으로 이루어져 왔다. 최근 2017년부터 나의 제안으로 추가된 것이 있다면, 연세대학교 학생 가운데 점심을 거르는 학생들

400여 명 가운데 인재 배출의 차원에서 매학기 50명의 점심식권 비용을 노사공익기금(1년 3,200만 원)으로 감당하는 것이다.

노사공익기금의 지원을 받아서 활발하게 활동하는 세브란스 내 교직원 봉사팀을 보면, 청각장애인을 위한 수화교육과 수화발표회 그리고 청각장애인 학생들을 초청하는 소리사랑 캠프 등을 진행하는 '빛소리회'가 있다. 주로 신생아들을 대상으로 수유사업을 하는 '베다니회'가 있다. 동부아프리카에서 진료와 성경학교 등의 단기선교, 현지 학생 장학금 지급과 현지 의사 초청연수 등을 주관하는 '엘하노라 아프리카'가 있다. 아프리카 동남부에 위치한 섬나라 마다가스카르를 방문해 진료봉사를 비롯 구호물품과 후원금을 전달하는 '우사모'가 있다. 의료혜택을 누리기 어려운 제주 올레

노사공익기금 사랑의 김장 나눔 한마당

마을을 방문해 마을 주민을 대상으로 건강검진과 무료진료를 하는 '심장혈관 봉사팀'이 있다. 은평구에 위치한 누리사랑복지센터를 방문해서 그곳의 어르신들에게 직접 만든 도시락을 대접하는 '한우리회'가 있다. 암환자들의 희망을 노래하며 자선모금공연과 청소년 대상의 무료 레슨을 펼치는 '암자밥밴드'가 있다. 노동조합원이 주축이 되어 다양한 나눔 활동을 진행하고, 특히 위안부 할머니 쉼터를 방문하며 도움을 주는 '행복나눔'이 있다. 그 외에 신촌세브란스 '간호국 봉사팀'이나 '강남세브란스 직원봉사팀', 또는 '용인세브란스 직원봉사팀'처럼 병원 전체 단위로 움직이는 봉사팀도 있다.

이처럼 세브란스는 노사가 함께하는 사회적 책임의 중요성을 인식하고, 다양한 방법으로 사랑을 나누고 있다. 우리는 흔히 노사관계가 자기 이익만을 위해서 긴장과 갈등, 적대적인 대립 가운데 있는 것으로 오해하기가 쉬운데, 노사공익기금으로 대변되는 세브란스의 협력적인 노사관계는 세브란스를 국민에게 신뢰받는 기독교 병원으로 우뚝 서게 하는 데 크게 일조하고 있다. 2008년 10월 9일 노사화합선언문을 선포하고, 새로운 노사파트너십으로 전환한 세브란스는 노사파트너십 프로그램 우수기업으로 선정되기도 했고, 노사문화대상과 고용노동부장관상 등 다양한 상을 수상하기도 했다. 나는 우리 세브란스의 교직원들이 일부러 시간을 내어 국내외 도처에서 돈으로, 재능으로, 몸으로 다양하게 봉사하는 문화를 형성한 것이 매우 자랑스럽다.

“내 것이 아니니 모두 나눕니다.”라고 말하는 어느 기부자의 감동이 있는 세브란스

2020년 5월 26일 화요일 오전 11시 연세의료원 종합관 6층 교수회의실에서 근래 볼 수 없었던 큰 행사가 진행되었다. 코로나19로 인해서 사회적 거리를 두고자 모든 공식행사가 중지되었거나 유보되었고, 정기적으로 개최되는 회의들도 거의 대부분 서류보고로 대체되고 있는 상황에서 교수회의실을 꽉 채울 정도의 관계자가 참석한 행사였다. 개회기도를 맡은 나로서는 자리에 앉자마자 조금 의아한 생각이 들었다. 그러나 연세의료원 발전기금사무국의 주관으로 진행된 이 행사는 시간이 지날수록 뜨거운 감동과 깊은 감사가 우러나는 시간이 되었다. 지금 이 글을 쓰는 순간에도 감동과 감사의 여운이 뇌리에서 뜨겁게 느껴진다.

주식회사 하님과 연세의료원 간에 의료해외진출협력을 위한 MOU를 체결하고, 하님정밀의료센터를 출범하게 된 동기는 주식회사 하님 전영한 회장의 통큰 기부에서 시작되었다. 그분은 보릿고개를 거치던 어려운 시절에 쌀 한 가마니를 겨우내 비축해두었다가 동네 이웃들이 굶주릴 때 아낌없이 내놓으시던 아버지의 나눔을 보면서 성장한 분이었다. 그분은 넉넉한 집안에서 성장했지만, 가난한 이웃과 함께하는 삶을 행동으로 보이신 아버지의 유지를 받들어 전 재산을 사회에 환원할 것을 일찌감치 작정한 분이었다. 그분은 평소 "주는 것이 받는 것보다 복이 있다."(사도행전 22:35)고 말씀하신 주님의 말씀을 기억하며 "내 것이 아니니 모두 나눈다."는 신념을 갖고 계신 분이었다.

전영한 회장은 만 70세를 지나면서 재산의 사회적인 환원을 구체화하기 위해서 관계자들을 만나기 시작했고, 그러던 중 기독교 병원인 세브란스를 생각하면서 연세의료원의 몇몇 실무자를 만나기에 이르렀다. 그분은 윤영설 의료원 미래전략실장을 만나 의료혜택을 제대로 받지 못하는 가난한 제3세계 국가에 세브란스병원과 같은 병원을 세워서 질병으로 고통당하는 환자들을 치료하겠다는 비전을 갖게 되었고, 윤도흠 의료원장을 만나 희귀질환이나 암 등의 난치병으로 고통당하는 환자들에게 맞춤치료를 제공하는 것이 얼마나 절실한 문제인가를 인지하게 되었다. 우리의 삶에서 좋은 만남은 이렇게 역사적인 사건을 만들어내는 기회가 됨을 알 수가 있다.

전영한 회장은 재산의 사회적인 환원을 목적으로 세브란스를 처음 방문했을 때 안신기 교수로부터 세브란스 정신이 밑바탕이 되는 해외의료 진출과 관련해서 브리핑을 받았고, 암병원 7층 식당에서 의료원 관계자들에

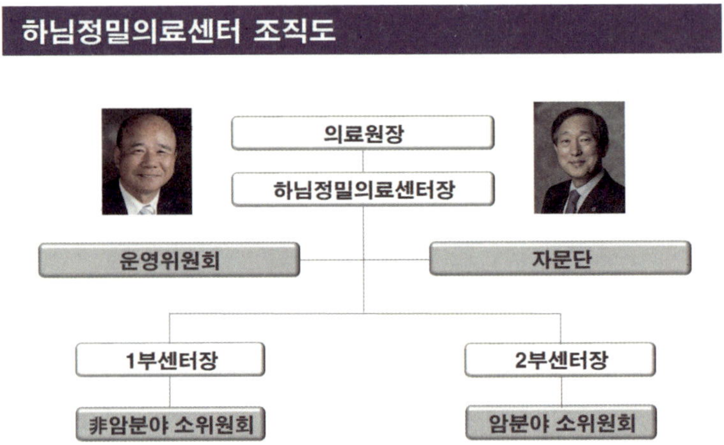

하님정밀의료센터 조직도

게 점심을 대접받았다고 했다. 다음날 그분은 점심을 대접받은 감사의 마음을 담아서 당신도 대접하겠다는 마음으로 연세의료원에 1억 원을 꼬리표 없이 기부했고, 그 후에 유전자 연구센터 건립의 준비비로 1억 원, 그 후에 정밀의료센터 기금으로 10억 원, 그리고 정밀의료센터 기념명판 제막식 하루 전날 또 10억 원 등 기회가 되는 대로 계속 기부하면서 연세의료원의 발전에 크게 기여하고 있다. 연세의료원은 그분의 소중한 기부를 허투루 사용하지 않기 위해서 미래 의료의 핵심이 될 맞춤치료를 준비하게 되었고, 회의를 거듭하는 과정에서 하님정밀의료센터를 탄생시켰다.

평생 하나님의 사랑으로 이웃과 사회를 대상으로 기부의 삶을 살아온 전영한 회장은 자신의 인생을 세 가지 질문에 응답하며 사는 삶이라고 요약했다. "첫째, 나는 무엇을 하며 어디로 가고 있는가? 둘째, 내 인생에 하나님께서 주신 사명은 무엇인가? 셋째, 나는 무엇을 남길 것인가?" 나는 그분의 세 가지 질문을 접하면서, 그분은 정녕 목적이 이끄는 삶을 인식하고, 하나님의 기대치에 부응하고자, 어렵고 가난한 이웃에게 사랑을 나누는 삶을 남기기로 작정했음을 여실히 알 수 있었다. 우리에게 돈이다, 명예다, 권력이다 하는 것들이 도대체 무엇이라고 그렇게나 아등바등 살고 있는지, 우리 주변의 욕망에 가득찬 사람들이 그분 앞에 서게 되면 부끄러워질 수밖에 없을 것이라 사료된다.

사실 적지 않은 기부자가 재산의 사회 환원에 어려움을 겪는 것은 가족들의 반대에 직면하기 때문이라고 한다. 기부 당사자가 아무리 단호하게 결심했다고 하더라도 가족들이 반대하면 마음이 약해질 수밖에 없고, 심지어 기부약정자가 돌아가시면 어떤 가족들은 재산상속 분쟁을 일으키며 약속한 기부조차 무효화한다. 그런데 전영한 회장의 세 자녀는 아버지의 고귀한 결정에 전적으로 동의했을 뿐만 아니라, 자신들이 더 확대하지 못함을 심히 아쉬워하고 있다. 전영한 회장은 혹시나 해서 세 자녀에게 각각 40억 원 상당의 재산을 미리 분배해 주었는데, 세 자녀는 하나같이 자진해서 이를 반납했고 아버지와 함께 재산의 사회적 환원에 동참했다. '그 아버지에 그 자녀'로 기독교 신앙 위에 우뚝 선 명문 가정의 전형이라고 볼 수 있다.

하님정밀센터 기념명판 제막식

앞으로 연세의료원은 전영한 회장의 기부를 초석으로 해서 캄보디아에 암병원을 세워 그 나라 암환자들의 치료에 기여하며 그리스도의 사랑을 전하게 될 것이다. 500억 원이 더 소요될 이 프로젝트 역시 전영한 회장의 아낌없는 기부로 진행될 것이라고 하니, 그동안 그분이 기부한 것은 첫 단추를 끼운 것에 불과한 것이라고 여겨질 지경이다. '하님의료정밀센터의 역할과 과제'와 관련한 1부센터장 강훈철 교수와 2부센터장 정재호 교수의 보고는 참석한 이들의 마음을 벅차게 하기에 충분했다. 특히 정재호 교수는 미래 의료의 특징을 4P 곧, 예측가능성(Predictive), 개인맞춤형(Personalized), 예방중심(Preventive), 환자의 치료과정 참여(Participatory)로 규정하면서 하님정밀의료센터가 정밀의학의 산실이 될 것을 예고했다. 우리 문외한들은 대개 의사가 처방해 주는 약이 100% 효과가 있다고 생각하지만, 정 교수는 처방된 약의 효과 없는 비율이 기대보다 높다는 사실, 특히 항암제의 경우에는 매우 높다는 사실을 지적하면서 유전체 검사에 따른 정밀의료가 얼마나 절실한 것인지를 호소했다. 이제 우리 세브란스병원의 유능한 임상의사들과 연구 능력이 뛰어난 연구의사들이 맞춤치료의 열정과 융합적인 노력 가운데 운영하게 될 하님정밀의료센터가 정말 기대가 되며, 많은 난치병 환자에게 치료의 기쁨과 감동을 전할 것이라고 확신한다.

한국에서 사역한 선교사와 그 가족을 위해서 안면 마스크를 나눈 세브란스

2020년 6월 25일은 한국전쟁 70주년이 되는 날이다. 한국 정부는 '6.25 전쟁 70주년 사업추진위원회'(공동위원장 정세균, 김은기)를 만들어 70주년의 특별한 의미를 드러내고자 했다. 그 중 하나의 프로젝트가 코로나19라는 세계적인 재난 속에서 고통당하는 한국전쟁 참전용사들을 기억하며 그 생존자들에게 안면 마스크를 지원하는 것이었다. 현재 생존하고 있는 한국전쟁 참전용사들의 평균 나이는 88세로서 코로나19에 취약한 고령자들이다. 이 프로젝트로 22개 국가 유엔 참전용사들에게 지원한 안면 마스크는 총 100만 장이었는데, 전체 참전용사의 90% 이상을 차지하는 미국에 50만 장, 그 외 21개 국가에 참전 인원과 코로나19 확진자를 고려해서 50만 장을 배분했다. 한국전쟁 70주년을 맞이하며 유엔 참전국가들에 감사하고, 헌신한 유엔 참전용사들을 기억하기 위해 '기억', '함께', '평화'라는 주제 아래 다양한 행사를 진행했던 '6.25 전쟁 70주년 사업추진위원회'가 안면 마스크 100만 장을 전달한 것은 그 소식을 듣는 모든 이에게 감동 그 자체였다. 70년 전의 은혜를 잊지 않고, 더욱이 코로나19라는 재난 가운데 절실한 안면 마스크를 감사의 마음을 담아서 사랑으로 전달하고자 했기 때문이다.

우리 연세의료원 원목실은 정부 차원에서 유엔 참전용사들에게 안면 마스크를 보낸다는 감동적인 소식을 접하면서 세브란스병원이 있기까지 수고한 선교사들을 기억하게 되었다. 최초의 서양식 현대병원인 광혜원을 개원하는 데 크게 기여했던 알렌 박사, 광혜원의 보조의사이자 교사로서 입국하여 30년 이상을 헌신했던 언더우드 목사, 광혜원을 개명한 제중원의 2대 원장이 되어 전국 각지의 환자들을 헌신적으로 치료하다가 순교했던 헤론 박사, 1893년 제중원의 4대 원장으로 취임하여 선교병원의 정체

안면 마스크 전달식

성을 명실상부하게 정착시키면서 40년 이상을 봉직했던 에비슨 박사, 세브란스기념병원의 건축과 여러 부속 건물의 건축을 위해서 엄청난 기금 45,000 달러를 아낌없이 기부하고, 지금까지 세브란스병원에 대한 지원이 이어지도록 기금의 초석을 만들었던 기업가 세브란스 씨 등 초창기 선교사들을 잊을 수 없었기 때문이다. 이들 초창기 선교사들의 수고로 인해 병원으로 출발했던 제중원은 교육공동체와 신앙공동체를 만드는 산실이 되었다. 한국의 근현대사 역사 속에서 병원, 학교, 교회의 기여는 이루 다 헤아릴 수 없을 만큼 큰데, 그 모든 것이 제중원, 세브란스에서 비롯되었다는 사실에 대해서 그저 놀라움만으로 그칠 수는 없다.

지금까지 세브란스를 거쳐간 수많은 선교사들, 아니 척박한 조선 땅에 와서 생명과 열정을 아낌없이 바쳤던 선교사들, 3.1 운동 당시 일제의 정치적인 폭압을 외면치 않고 우리나라의 독립을 지지하며 지원했던 선교사들, 한국전쟁 중에 전쟁터의 위험을 무릅쓰고 구호 활동에 앞장섰던 선교사들, 전쟁고아들을 방치하지 않고 살 만한 삶의 환경을 만들어주기 위해서 해외입양을 주선했던 선교사들, 한국전쟁 후에 폐허가 된 시설들을 복구하도록 불철주야로 애를 썼던 선교사들, 군사독재정권 아래 유린당하던 사회적인 약자들의 인권 보장을 위해서 추방을 당하면서도 헌신적으로 활동했던 선교사들 등 우리나라의 오늘이 있기까지 수고했던 선교사들은 너무도 감사한 분들이다. 예수의 제자로서 가난한 사람들과 질병으로 고통당하는 환자들을 섬기기 위해서 사랑의 길을 걸었던 선교사들, 죽어서도

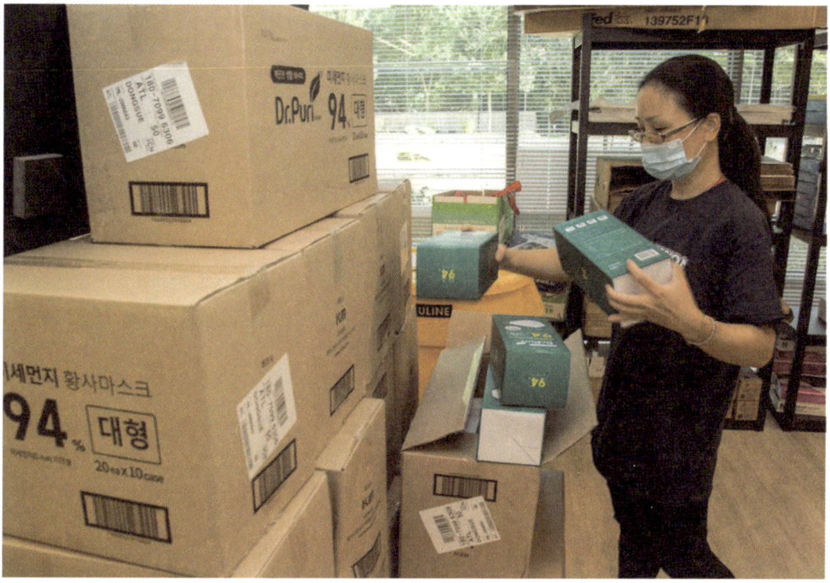

미국 감리교 해외선교부에 전달된 안면 마스크 박스

자신이 선교하던 현장인 한국 땅에 묻히기를 원했던 선교사들, 그들은 우리의 기쁨과 희망과 감사의 조건이다. 물론 선교사들 가운데 자신의 이해관계가 앞섰던 분들이 전혀 없지는 않았겠지만, 우리는 전체적으로 선교사들로부터 사랑의 빚을 크게 지고 있다.

2020년 5월 11일 월요일 오전 7시 30분, 연세의료원의 실처장 회의가 있었다. 코로나19의 상황 속에서 대부분의 회의가 멈추었지만, 13명으로 구성된 실처장 회의만은 주요 논의와 결정을 위해서 2주 간격으로 지속되었기 때문이다. 회의 중에 나는 원목실의 업무보고를 하고나서, 한국 정부가 한국전쟁 참전용사들을 위해서 안면 마스크 100만 장을 보내기로 했다는 뉴스보도를 언급했다. 그리고 한국의 근현대사 역사의 변혁 과정에서 선교사로서 활동하며 기여했던 분들을 기억하자고 했다. 그리고 나서 우리나라에 복음을 전하고 그리스도의 사랑을 아낌없이 베풀다가 은퇴하여 자기 나라로 돌아간 선교사들에게 감사의 마음을 담아서 안면 마스크 2만 장을 보내자고 제안했다. 윤도흠 의료원장을 비롯한 모든 실처장은 좋은 제안이라면서 기꺼이 동의했다. 이제 문제는 안면 마스크의 해외 반출이 금지된 상태에서 어떤 방법으로 안면 마스크를 전달할 수 있겠느냐는 것이었다. 그때부터 청와대로, 산업통상자원부로 손이 닿는 대로 연락하기 시작했다. 유사한 요청이 많았던 이유로 실무자와의 연락 자체가 힘들었다. 더욱이 수십 번 전화해서 겨우 통화가 되면, 실무자는 원칙적으로 안된다는 이야기만 반복적으로 할 뿐이었다.

나는 연세의료원 원목실장 겸 교목실장의 명의로 주무부서인 '산업통상자원부 기계로봇장비과'에 공문을 두 번이나 보냈다. 서두를 생략한 핵심 내용은 다음과 같다. "연세의료원 원목실은 법적인 문제(마스크를 임의로 해외에 유출할 수 없는 상황의 문제)를 해소할 수 있다면, 한국에서 선교 사역을 하다가 미국으로 귀국한 은퇴선교사들과 그 가족들을 위해서 보은의 차원에서 마스크 2만 장(3,000만 원 상당)을 전달하기로 연세의료원 실처장회의에서 결의했습니다. 우리가 전달하는 마스크는 미국장로교(PCUSA)와 미국감리교(UMC) 각각의 세계선교부를 통해서 미국 현지의 은퇴선교사들에게 배부할 예정입니다. 이에 순조로운 전달이 가능하도록 허락과 협조를 요청합니다." 공문을 보내고도 수시로 확인하며 최종 승인을 요청했으나 감감무소식이었다. 기다리다 못한 나는 실무 서기관에게 이렇게 이메일을 보냈다. "지난 번 안내에 따라 진행을 해보았으나 KF마스크와 의약외품 마스크는 우리가 직접 구입하여 보낼 수 있는 길이 없고, 외국 현지의 구매자가 마스크 업체의 10% 이내 범위에서 구매 요청하는 방법으로는 우리 연세의료원 원목실이 도울 수 있는 길이 없습니다. 이에 우리의 공식 공문에 대한 공식적인 응답을 요청합니다. 이제 우리도 자체적으로 매듭을 지어야 할 것이기 때문입니다." 최후통첩을 했던 셈이다.

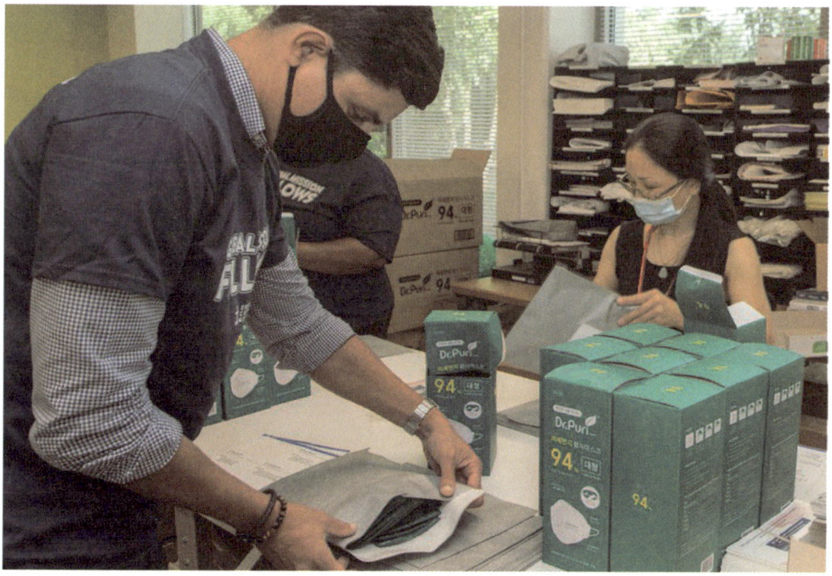

은퇴선교사들에게 배송하기 위해 작업하는 미국 감리교 해외선교부 직원들

우리는 더 이상 할 수 있는 일이 없다고 판단하며 포기하려고 했다. 바로 그때 '식품의약품안전처'가 6월 16일에 보낸 공문을 받게 되었다. "산업통상자원부 협의 결과, 연세대학교 의료원에서 한국에서 선교사역을 하다 미국으로 귀국한 은퇴선교사 및 가족 지원을 위한 보건용 마스크 20,000개 반출 허용을 요청한 건에 대해 마스크 및 손소독제 긴급 수급성 조치(식약처 고지) 제5조 제1항 제2호에 근거하여 수출 사전 승인함을 알려드립니다." 할렐루야! 결의하고 추진한 지 한 달이 더 지나서야 비로소 우리 연세의료원 원목실은 선교사와 그 가족들에게 안면 마스크를 보낼 수 있게 되었다. 연세의료원의 살림을 담당하는 한상원 기획조정실장은 "뜻이 있으니 길이 있군요."라며 감탄했다. 나는 이전에 이미 연락을 한 바 있는 미국장로교 세계선교부 아시아 담당 임춘식 목사와 미국감리교 세계선교부 아시아 담당 폴 콩(Paul Kong) 목사에게 안면 마스크 1만 장을 각각 보내게 된 기쁜 소식을 전했다. 그들도 안면 마스크를 배분하는 과정에 기꺼이 협조하겠다고 약속했고, 실제로 잘 이행해 주었다. 이로써 세브란스는 선교사들의 복음을 위한 열정과 사랑의 헌신을 잊지 않고, 작은 보은(報恩)이라도 할 수 있게 되었던 것이다.

드디어 우리 세브란스는 7월 29일 미국장로교와 미국감리교 선교본부에 각각 10,000장씩의 안면 마스크를 항공편으로 전달했다. 그 후 미국 감리교 교단지 「INSPIRE ATLANTA」에는 2020년 9월 9일 자로 감사의 기사가 게재되었다. 다음은 번역한 내용이다.

안면 마스크는 한국에서 미국감리교 선교사들에게 보내온 감사의 선물이다.

전쟁은 오랜 세월 한국인과 미국인을 하나가 되게 하였고, 이는 지금도 그러하다. 이번에 한국인들은 치명적인 코로나 바이러스와의 전쟁 중에 있는 미국인들을 돕기 위해 손을 내밀었다. 한국 최고의 병원인 연세의료원에서는 수십 년 전 그들을 도운 선교사들에게 감사의 표시로 10,000개의 안면 마스크를 미국감리교 본부로 보내왔다.

윤도흠 의료원장은 "우리나라에 위생의 개념조차 없었던 시절에 선교사들이 우리 병원을 세워 의료서비스를 제공했습니다. 우리가 이번 안면 마스크의 전달로써 그분들의 사랑을 전부 갚을 수는 없겠지만, 여전히 그 사랑을 기억하고 있습니다."라고 말했다.

애틀랜타에 본부를 둔 미국감리교 세계선교부가 파송한 650여 명의 선교사는 1953년 한국전쟁 휴전 이후 한국의 재건을 위해서 도왔다. 그들 가운데 에모리대학교 총장이자 주한미국대사를 역임한 제임스 T. 레이니를 포함하여 100여 명의 선교사는 아직 조지아에 살고 있다. 92세인 레이니는 연세의료원이 자신과 은퇴한 선교사들에게 "정말 좋고 편안한 안면 마스크를 선물했을 때 놀라서 말이 나오지 않을 정도였습니다."라고 말했다. 그는 1959년부터 1964년까지 한국에서 선교사로 활동했고, 빌 클린턴 대통령 당시에는 미국대사로 활동했는데, '훌륭하고 사려 깊은 관대한 처사'라며 한마디로 요약했다.

미국감리교 세계 선교부의 토마스 켐퍼 사무총장은 10,000개의 안면 마스크가 미국감리교 선교부 소속의 전도자, 교회 개척자, 의사, 간호사, 사회봉사자, 교사 등으로 해외에서 섬겼던 사람들에게는 그들의 "진심 어린 사랑에 대한 한국인들의 감동적인 증언"이라고 말했다. 그는 이어서 "연세의료원의 관대함으로 우리는 한국과 세계 여러 나라에서 오랫동안 봉사하고 은퇴한 선교사들에게 필요한 안면 마스크를 긴급하게 제공할 수 있었습니다."라고 말했다.

한국은 코로나19가 발생하고 처음 5개월 동안 국가의 경제 및 보건 시스템을 마비시키지 않고 잘 방역하고 있어 국제적인 찬사를 받고 있다. 안면 마스크는 적극적인 검사, 감염자 추적, 사회적 거리두기 등과 함께 가장 핵심적인 방역 방식의 하나이다.

연세의료원 원목실장인 정종훈 목사는 최근에 한국 정부가 한국전쟁 참전용사들과 그 가족들을 위해서 안면 마스크를 많이 기부했다고 말했다. 그 뉴스를 보고 연세의료원 원목실의 교역자들은 "선교사들과 그 가족들을 생각했고, 그들에게 감사를 표하기를 원했습니다."라고 말했다.

한국에서 사역했던 선교사들은 제2차 세계대전 중 한국을 떠나야 했지만, 일본이 전쟁에서 패배하자 돌아왔다. 정종훈 목사는 "선교사들은 한국전쟁 중에 생겨난 고아와 장애인, 환자들을 돕는 데 크게 기여했습니다."라고 말했다. 또한 세브란스병원은 선교사들의 도움이 없었다면 4,100 병상으로 확장되기가 어려웠을 것이고, 한국 최고의 의료기관으로 명성을 쌓지도 못했을 것이라고 말했다.

레이니는 한국전쟁이 끝났을 때 한국은 "완전한 폐허처럼 보였습니다."라고 말했다. 당시 그 나라는 여전히 빈곤했지만, 그와 그의 가족이 연세대학교의 선교사로 있었을 때 조금씩 나아지는 조짐을 볼 수 있었다고 말했다.

그러나 그 후 수십 년 동안 한국은 많이 변화했다. 한때 세계에서 가장 빈곤한 국가 중 하나였지만, 이제는 선진국이자 고소득 국가로서 국내 총생산(GDP)에 있어서는 아시아에서 4위, 세계에서 12위를 차지하고 있다. 이제 우리는 누가 도움의 손길을 내밀고 있는지 보아야 한다. 레이니는 이렇게 말했다. "그들은 코로나

바이러스에 잘 대처했기에 미국에 도움을 보낼 수 있었습니다. 이것은 인생에서 있어서 흥미로운 점이라고 생각합니다. (도움을 받던 나라가 도움을 주는 나라로) 상황이 180도 완전히 바뀌었기 때문입니다."

기사 작성자: 낸시 바더쳐(Nancy Badertscher)

미국 장로교 세계선교부 아시아 담당으로 임춘식 목사를 이어 한명성 목사가 새로 취임했다. 그가 인사차 전화를 하면서 자신에게 보내진 편지 하나를 전달해주었다. 미국 장로교 세계선교부 소속으로 콩고민주공화국에서 대를 이어 선교활동을 한 후에 은퇴한 선교사 부부가 보낸 편지였다. 이 편지 역시 잔잔한 감동을 준다. (이번에 안면 마스크를 선물로 받은 미국감리교와 미국장로교 은퇴 선교사 가운데 백 분 이상의 선교사가 감사의 이메일을 보내왔고, 그분들에게 일일이 응답하며 오고가는 사랑과 연대를 깊이 경험할 수 있었다.)

세브란스병원의 친구 여러분께 올립니다.

세브란스병원이 미국 장로교에 보내준 의료용 안면 마스크는 우리에게 큰 감사와 겸손과 영예로 느껴집니다. 정성스럽고 너그러운 이 선물에 깊이 감사드립니다.

우리는 한국이 현명한 의료 지침을 통하여 코로나19의 확산을 통제하는 놀라운 방식에 대단한 감명을 받았습니다. 그것은 강력한 리더십과 다른 모든 사람을 위한 지역사회 개개인의 큰 관심과도 조화를 이루고 있습니다. 우리는 서로를 돌볼 때 하나님께 영광을 돌리는 것인데, 예수의 말씀 "네 이웃을 네 몸같이 사랑하라." 라는 말씀이 떠오릅니다.

당신은 아마도 모르겠지만, 나의 할아버지 아키발드 플레쳐(Archbald G. Fletcher) 박사와 그가 한국에서 만나 결혼한 나의 할머니 제시(Jessie)는 1909년부터 1942년까지, 그리고 1946년부터 1952년까지 한국에서 장로교 선교사로서 하나님을 섬기는 귀한 일을 하셨습니다. 게다가 나의 외할아버지 허버트 블레어(Herbert Blair) 목사와 나의 외할머니 수잔(Susan) 역시 1904년부터 1941년까지 한국에서 장로교 선교사로 사역하셨습니다. 그분들은 모두 대구에서 사역하셨습니다. 나의 아버지 아키발드 플레처 2세와 나의 어머니 훌다 블레어 두 분도 대구에서 태어났습니다. 나의 아버지는 외과 의사로서, 어머니는 간호사로서 인도의 장로교 선교사가 되어 평생을 봉사하셨습니다. 나는 인도에서 태어나 현재 나의 아내가 된 그웬다 에메릭(Gwenda Emeric)과 같은 선교 공동체에서 성장했습니다! 우리는 결혼을 하여 아내는 교사로서, 나는 외과 의사로서 콩고민주공화국의 장로교 선교사로 하나님을 섬겼습니다.

장로교 선교의 강한 뿌리를 지닌 세브란스병원이 미국 장로교의 선교 동역자들을 돕기 위하여 아낌없이 선물한 의료용 안면 마스크를 우리가 받은 것은 대단한 영광입니다. 하나님께서 오래전 한국에서 시작된 일을 축복하셨고, 지금은 그 초창기 일의 주역이었던 우리의 자랑스런 선조들 덕분에 우리가 세브란스병원이 보낸 생명보호의 의료용 안면 마스크 선물의 수혜자가 되었습니다. 주님을 찬양합니다!

하나님께서 세브란스병원과 그곳에서 봉직하는 여러분의 모든 사역에 풍성한 은혜를 베풀어주시기를 기도합니다.

우리의 주님이시고 구원자이신 예수 그리스도의 이름으로 은총과 평화가 넘치기를 빕니다.

존과 그웬다 플레쳐 (John and Gwenda Fletcher) 드림

제4장

섬김의 감동

에비슨 박사 내한 100주년을 기념하며 몽골 연세친선병원을 세운 세브란스

에비슨 박사처럼 사람을 교육하고 세워서 협력하고자 애쓰는 세브란스

'글로벌 세브란스 글로벌 채리티'를 시행하는 세브란스

병원에 화재가 나고도 칭찬을 받은 세브란스

한국교회가 파송한 해외선교사들을 위해서 건강관리 지원사업을 시행하는 세브란스

세브란스의 동문선교사들을 지원하고, 의료진을 해외에 파송하는 세브란스

에비슨 박사 내한 100주년을 기념하며 몽골에 연세친선병원을 세운 세브란스

세브란스를 오늘의 세브란스로 우뚝 세우는 데 초석이 되었던 세 분 선교사가 있다. 1884년 갑신정변 때 자상(刺傷)을 입고 죽어가던 민영익을 소생시킨 것을 기회로 삼아 광혜원을 개원했던 알렌 박사, 광혜원의 보조 의사이자 교사로서 입국하여 복음전파에 열정을 쏟아부었던 언더우드 목사, 언더우드 목사의 호소에 감동을 받아 의료선교사를 자원했던 에비슨 박사가 바로 그들이다. 그 가운데서도 1893년에 입국하여 1935년 선교사 활동을 종료하고 출국한 에비슨 박사의 42년 간의 기여는 말로 다할 수 없다. 그는 가난한 집안에서 성장했지만 자수성가해서 토론토 의과대학 교수이자 토론토 시장 주치의가 되었고, 부와 명성을 한 몸에 지닌 전도양양한 의사로서 누구에게나 선망의 대상이었다.

그는 척박한 조선에 좋은 의사가 절실히 필요하다는 언더우드 목사의 호소를 듣고, 주변의 만류에도 불구하고 만삭한 아내와 세 자녀를 동반해서 조선에 의료선교사로서 입국했다. 그는 제중원 4대 원장으로 취임하여

몽골 연세친선병원의 한국인 의료진

고종 황제의 어의를 겸했고, 1895년 조선에 콜레라가 창궐했을 때는 진두 지휘하며 방역과 치료에 성공적으로 대응했다. 그는 환자들을 치료하는 일과 함께 의학교육을 실시했으며, 마침내 1908년 한국인 최초의 의사 7인을 배출해냈다. 흔히 에비슨 박사를 일컬어 한국의 슈바이처라고 말한다. 그러나 슈바이처는 현지인 의사를 배출하는 의학교육 없이 의료봉사 활동만 했기에 지금은 현지에서 그의 흔적을 찾기가 어렵지만, 에비슨 박사는 자신처럼 일할 수 있는 의사를 수없이 배출했을 뿐 아니라 세브란스 병원과 연세대학교라는 걸출한 기관을 남김으로 슈바이처의 업적과는 질을 달리한다고 말할 수 있다.

1992년 8월 1일 연세의료원의 해외 선교사업을 공약했던 김일순 의료원장이 취임했다. 그는 세브란스의학교의 초대교장으로서 40년을 봉직했던 에비슨 박사가 한국에 입국한 지 100주년이 되는 1993년을 해외 선교사업의 원년으로 삼기로 계획했다. 이미 1992년 여름에 해부학교실의 서원석 교수가 몽골을 다녀와 해외선교 후보지로서 몽골을 제안했고, 연세의료원 종교위원회가 4인의 교수로 구성된 답사팀을 몽골로 보내어 그 가능성을 긍정적으로 확인한 바 있었다. 그리고 1993년 3월 몽골의 국립의과대학과 교류협력 협정을 맺으면서 몽골 의료선교의 공식적인 활동이 시작되었다. 1993년 여름 연세의료원은 제1차 몽골하계의료봉사단 황의호 단장 외 21명을 필두로 매년 20~30명의 봉사단원이 참가하는 몽골에서의 의료봉사 활동을 전개했다.

그러나 연세의료원은 단기적이고 시혜적인, 그래서 언젠가 소멸될 수밖에 없는 의료봉사활동에 머물지 않고, 에비슨 박사처럼 보다 장기적이고 체계적인 의료선교를 모색하기로 했다. 그것은 두 축으로 이루어졌다. 하나는 몽골국립의과대학과 함께 하는 대학사역이었고, 다른 하나는 몽골 연세친선병원을 중심으로 하는 병원사역이었다. 연세의료원은 장기나 단기로 연수할 수 있는 프로그램을 만들어 몽골인 의료진을 매년 4인씩 항공비와 체류비를 부담하며 세브란스로 초청했고, 그들은 세브란스 의료진과 함께 일하면서 의술을 배울 수 있는 기회를 얻었다. 동시에 연세친선병원에서 일하는 몽골인 의료진은 상주해서 함께 일하는 한국인 의료진이나 방문하는 다양한 외국인 의료진과 일하면서 전문적인 의술을 습득할 수 있도록

몽골 연세친선병원 세브란스 의료봉사단

했다. 그 결과 연세의료원에서 연수했거나 연세친선병원에서 근무했던 몽골인 의료인들은 몽골의 어느 의료기관에서든 환영을 받고 있다고 한다.

연세의료원은 초기부터 선교병원의 설립을 중요하게 여겼고, 그 결과 제2차 연세의료원 몽골하계의료봉사단이 방문하던 1994년 7월 1일 연세친선병원을 개원했다. 소련의 위성국가로서 철저히 외부와 차단되어 있던 몽골이 소련의 붕괴로 인해 외부 세계에 개방되는 시기였던지라 외국인 단독 투자로 몽골에 의료기관을 설립하는 것은 사실상 불가능했다. 그래서 몽골의 수도인 울란바토르시와 50 대 50의 합작투자 형식을 빌리기로 했다. 울란바토르시는 병원 부지와 건물을 제공했고, 연세의료원은 의료인력과 설비를 지원했다. 주식회사 구조였기 때문에 이사장과 병원장을 연세의료원 관계자와 몽골인 관계자가 번갈아 가면서 맡기로 했고, 20년 후에는 모든 것을 울란바토르시에 귀속시키기로 협약을 맺었다. 당시 초대원장으로 전의철 동문이 취임했으며, 시설물 개축이 늦어져서 환자를 최초로 진료한 것은 10월 3일 한국의 개천절이었다. 이날은 몽골에서도 새로운 하늘이 열리는 순간이었다고 관계자들은 말했다. 그 후 4년이 지난 1998년 10월 1일에는 '부양 울지' 부원장이 협약대로 2대 병원장으로 선임되었고, 김일순 이사가 이사장으로 취임했으며, 장승기 동문이 부원장으로 일하게 되었다. 이처럼 연세의료원과 울란바토르시는 쉽지 않은 관계를 설정했지만, 서로 인내하며 협력하는 20년 동안 많은 성과를 거둘 수 있었다.

연세의료원은 합작 운영을 마무리하며 연세친선병원을 울란바토르시에 양도하기 직전 시기인 2014년 11월 3일 연세의료원 소식지에 몽골의료선교 20주년을 특집으로 다루었다. 안신기 의료선교센터 소장은 "울란바토르 시민에게 양질의 의료서비스를 제공했고, 많은 시민들이 그 혜택을 받아왔음을 높이 평가"하면서, "연세친선병원의 모델이 몽골 의료계의 발전에 큰 변화를 가져왔다"고 감사한 울란바토르 시장의 인사를 소개했다. 그리고 연세의료원은 향후 사람을 키우는 일에 조력하는 선교 모델로 전환할 것을 강하게 시사했다. "교육을 통해 사람을 세우는 일에 집중했기에 성공적인 발전을 이루었던 우리 역사의 교훈과 몽골 현재의 필요는 서로 공명하고 있으며, 이제 성년기의 몽골 의료선교는 교육을 통한 선교에 집중하는 전략으로 나아갈 것이다."

현재 연세친선병원의 몽골인 부원장인 '삼부 알탄토야'는 합작운영인 연세친선병원 말고도 비영리 아가페클리닉병원을 세워 사회적으로 어려운 환자들을 위해 무료진료와 무료수술까지 감당해주었던 연세의료원은 몽골인들의 마음 속에 깊은 감동이었다고 언급하면서, 자신의 경험을 이렇게 말했다. "20년 동안 한국 선생님들과 일하면서 많은 것을 배웠습니다. 제일 중요한 것은 연세친선병원을 설립한 것으로 우리를 은혜로 인도하신 하나님의 계획이었고, 한국과 몽골인들의 협력은 몽골의료 분야에 좋은

몽골 연세친선병원 내부

열매를 맺게 했습니다." 특집 기사 가운데 백미는 무엇보다도 "이곳이 우리가 가야 할 끝이 아님을 알기에"라는 제목하에 쓴 최원규 연세친선병원 병원장의 마지막 글이다. "(이제) 몽골 의료계뿐만 아니라, 모든 사회 영역에서 수다한 그리스도의 제자들이 세워질 것이다. 성경적인 가치가 세워지고, 사회 영역의 변혁으로 이어질 것이다. 몽골이 하나님의 영광을 위해 쓰임 받는 나라가 될 것이다. 이러한 역사 가운데 연세친선병원이 아름답게 쓰임 받았음에 가슴 깊이 감사하고 주님께 영광을 올려드린다."

이처럼 몽골 연세친선병원은 몽골인들을 치료하는 일에 머물지 않고, 에비슨 박사처럼 사람을 키우는 일에 크게 기여했다. 당시 연세의료원은 리더십을 가진 몇 사람만이 나서서 이 일을 주도하지 않았다. 연세의료원 교직원 전체가 함께 기도하면서 한마음으로 참여했다. 1994년 말에 연세의료선교후원회가 발족해서 연세의료원의 공식적인 예산과 별도로 700여 명의 교직원과 300여 명의 동문이 십시일반 선교헌금을 모아서 매달 연세친선병원을 후원했다. 그리고 몽골 선교의 밤을 수시로 개최하며 관심을 고취시켰다. 한편으로 몽골의료선교는 연세의료원 자체를 크게 변화시키는데 일조하기도 했다. 1999년에는 연세의료원의 사명이 무엇인가를 명확히 선포할 수 있었고, 2001년에는 의료선교센터를 공식적인 기관으로 조직하게 되었으며, 의과대학 교수들뿐만 아니라 치과대학 교수들과 간호대학 교수들까지 전방위적으로 헌신하게 되었다.

몽골 연세친선병원의 10주년을 기념하고 성찰하기 위해서 연세대학교 출판부가 2004년에 출판한 책, 『의료선교사가 현장에서 쓴 의료선교학』의 대표 편저자인 전우택 교수의 글을 인용하며 글을 마감한다. "하나님은 매순간마다 그 상황에서 가장 필요로 되는 사람들을 필요한 장소에 연결시켜 주셨다. 많은 교회에서 선교사들을 몽골에 파송하였고, 병원을 수리할 때에는 원래 다른 병원을 도우려다가 일이 막혔던 뉴질랜드의 목수 선교사를 보내주시기도 하였다. 인간들이 세운 계획대로 되는 일은 거의 없었으나, 하나님이 계획하신 일들은 한 치의 오차도 없이 차곡차곡, 그분의 시간표에 의하여 진행되고 있음을 체험하며 이 일에 동참한 모든 사람의 영혼들은 변해갔다. 이것은 아마 모든 선교사의 공통된 경험이었으리라."

“에비슨 박사처럼 사람을 교육하고 세워서 협력하고자 애쓰는 세브란스”

슈바이처 박사는 아프리카에서, 에비슨 박사는 조선 땅에서 의료선교활동을 한 위대한 인물이었다. 두 사람은 모두 안락한 삶의 현실을 뒤로하고, 척박하기 그지없는 땅에서 가난하고 병든 사람들을 위해서 평생을 헌신했기에 우리의 기억 한가운데를 차지하고 있다. 그들은 아브라함이 “너는 너의 고향과 친척과 아버지의 집을 떠나 내가 네게 보여 줄 땅으로 가라.”라는 하나님의 명령에 순종하여 미래의 땅을 향해서 나아갔던 것처럼, 오로지 복음의 열정과 보편적 사랑의 실천을 위한 신념으로 아프리카와 아시아에서 예수의 제자로서 신실하게 산 그리스도인들이었다. 그러나 두 사람의 근본적인 차이는 슈바이처 박사가 아프리카 현지인들에 대한 의학교육 과정을 간과한 것과 달리, 에비슨 박사는 42년이라는 긴 세월 동안 의사로서 또 의학교육자로서 조선에 머물면서 조선 젊은이들을 의사로 양성했고, 그들이 의학교육자가 되어 다시 그들의 후학을 배출할 수 있는 시스템을 구축했다는 데 있다. 지금 우리는 아프리카 어디에서도 슈바이처 박사의 흔적을 찾는 것이 쉽지 않지만, 대한민국에서는 세브란스 주변에서만도 에비슨 박사의 흔적을 많이 찾을 수가 있다.

초창기 한국에 파송된 선교사들은 한국인들의 지적인 수준을 낮잡아 보는 편견이 있었지만, 에비슨 박사는 1893년 조선 땅에 입국한 지 얼마 되지 않아 한국인들의 지적 수준이 서양사람 못지않음을 인지하며 조선 젊은이들을 대상으로 의학교육 과정을 개설했다. 그것이 제중원 의학교였고, 훗날 세브란스의학전문학교를 거쳐 세브란스의과대학교가 되었다. 지금은 연세대학교 의과대학으로 우뚝 서 있다. 에비슨 박사는 그가 한국에서 선교활동을 마감하던 시기에 서양 출신의 다른 교수들이 많이 있었음에도 불구하고 한국인 오긍선 박사를 세브란스의학전문학교의 2대 교장으로 세웠는데, 그것 역시 한국인에 대한 그의 신뢰에서 비롯되었다고 볼 수 있다. 지금 한국 의료계의 수준은 세계 유수의 국가들과 비교해도 뒤질 것이 없을 뿐 아니라 코로나19라는 세계적인 재난 가운데서는 모범적인 K

Avison International Fellowship 참가의료진

방역 시스템을 구축했는데, 이는 크게 보아 에비슨 박사의 선한 영향력의 결과라고 해석해도 과언이 아니다. 이처럼 사람을 교육하고, 교육한 사람을 세우고, 세운 사람과 협력관계를 형성하는 것은 더불어 살아야 하는 인간 존재의 본래적 속성이자 에비슨 박사의 원칙이었다.

2001년 5월 3일에 개소한 연세의료원 의료선교센터는 세브란스라서 할 수 있는 일, 세브란스니까 해야 하는 일을 세계 도처에 펼치기 위해서 20년째 노력하고 있다. 의료선교센터는 의료봉사활동이나 가난한 국가 환자들의 치료를 위해서도 노력하지만, 무엇보다 역점을 두는 것은 의료인이 절실히 필요한 의료저혜택 국가들을 대상으로 에비슨 박사처럼 '사람 세우기'와 '파트너십'을 모토로 해서 제대로 교육받은 현지인 의료인을 양성하는 것이다. 이 일은 의료선교센터가 개소하기 8년 전인 1993년부터 이미 몽골국립의과대학 의료진들을 대상으로 시작되었던 일이다. 그러나 의료선교센터는 개소 후 의료저혜택 국가의 젊은 의료진들에게 세브란스에서 연수할 기회를 보다 적극적으로 제공하고, 그들이 자국으로 돌아가도 지속적인 도움과 협력관계를 놓지 않는 프로그램을 'Avison International Fellowship'이란 이름으로 운영하고 있다. 그동안 아프리카 6개국, 아시아 11개국, 유럽 2개국, 중동 3개국, 중남미 2개국 등 24개국 출신의 의사, 간호사, 치과의사 270여 명이 세브란스에서 전문지식과 의술을 습득했다. 연세의료원은 자체 예산과 교직원 및 동문들의 회비로 모아진 후원금으로 연수의료진에게 왕복항공권과 월 130만 원 이상의 생활비를 지원하고 있

Global Health Leadership Course 참가 학생들

고, 연수 기간에 따라서는 학위과정까지 연계하도록 배려하고 있다.

의료선교센터는 2014년부터 매년 몽골과 베트남과 한국에서 공부하는 의과대학, 치과대학, 간호대학 학생 가운데 5명씩을 선발해서 글로벌 리더십 훈련과정인 'Global Health Leadership Course'를 운영하고 있다. 이 프로그램은 장차 의료계를 담당할 미래의 주역들을 대상으로 한다는 점에서 특별하다. 학생들은 이 프로그램을 통해서 국제보건사업에 대해서 이해하게 되고, 큰 예산 없이도 이웃을 위해 무언가를 할 수 있다는 자신감을 얻게 되며, 언제 어디서나 섬기는 리더십을 발휘하도록 도전을 받는다. 일단 학생들이 선발되면, 세 국가의 15명 학생들이 1차로는 전체 워크숍을 갖고, 2차로는 각각의 나라에서 따로 워크숍을 갖는다. 선발된 학

Project Avison 10×10 참가 의료진

생들에게는 소요되는 모든 비용을 지원하고, 1년의 과정을 마친 학생들에게는 수료증을 제공한다. 후원은 '에비슨의료선교교육기금'을 운영하는 연세의료원과 'United Board for Higher Christian Education in Asia' 기관이 협력하고 있다. 선발된 학생들은 학생교육에 관심이 많은 자국 멘토 교수들의 지속적인 지도를 받고 있고, 학생들 간의 국제적인 네트워크를 형성함으로 삶의 지평을 세계를 향해 확장하고 있다.

의료선교센터가 2018년 '세브란스병원의학교 1회 졸업생 배출 110년'이라는 역사적 의의를 기념하며 의료선교의 새로운 모델로써 만든 것이 'Project Avison 10 x 10'사업이다. 케냐, 탄자니아, 에티오피아, 네팔, 캄보디아, 몽골 등 낮은 의료수준과 부족한 의료인프라로 의료분야 인재의 육성이 절실히 필요한 의료저혜택 국가의 의과대학생을 선발해서 우리 연세의료원에서 양질의 교육 기회를 제공하는 것이다. 그래서 자국의 의과대학 교수 요원으로 육성하여 자국에서 의료기반의 발전에 이바지하게 하는 것이다. 이를 위해서 연세의료원은 총 20억 원의 예산을 수립하고, 1년에 10명씩 10년 동안 100명의 우수한 의료인력을 긴 호흡으로 배출하기로 했다. 선발된 학생은 교수 수준의 의학적 성취를 이룰 때까지 3차에 걸쳐 초청연수를 받게 한다. 의과대학 고학년 재학 중에 1개월, 레지던트로서 전공과목을 위해서 3~6개월, 교수 요원으로서 자신의 전공과목을 위해서 1년의 연수를 단계적으로 진행한다. 그리고 자기 국가에서 활동하는 의료선교사나 현지인 교수들과 의료선교 네트워크를 형성해서 연수가 끝나 자국으로 돌아가더라도 지속적인 관리와 지도가 이루어지도록 지원한다.

2019년 12월 2일, 사람을 교육하고 키워서 하나님의 뜻을 실현하는 일에 앞장서 온 연세의료원의 의료선교센터가 소공동 롯데호텔에서 '제18회 한미 참의료인상'을 수상했다. 이 상은 서울특별시 의사회와 한미약품(주)이 2002년에 공동으로 제정한 상으로서, 의술을 통해 헌신하며 보건의료 분야의 귀감이 된 개인 혹은 단체에게 수여하는 상이다. 나는 우리 의료선교센터가 '한미 참의료인상'을 수상한 것도 기쁘지만, 우리 연세의료원의 나눔을 실천하는 일관성 있는 노력을 국내 의료계가 인정한 것이 더 기쁘다. 나아가 우리의 노력이 다른 의료기관들에게 이정표나 도전이 된 것과 원조를 받던 나라가 원조를 하는 나라가 되어 세계 가난한 국가들에게 희망을 준 것이 더더욱 기쁘고 감사하다. 마지막으로 2016년 케냐 나이로비의과대학 소속 케냐국립병원 성형외과 의사로서 1년간 연수를 받았던 벤자민 와시체 와비레(Benjamin Wasiche Wabwire) 선생의 소감 가운데 일부를 인용해 본다. "세브란스에서 보고 배운 것 중 가장 감명이 깊었던 부분은 세브란스 직원들이 보여주는 긍정적인 태도, 명확한 업무 분담 및 업무에 대한 책임감, 이 모든 것이 융합된 좋은 팀워크입니다. 정말 케냐에 꼭 도입하고 싶은 부분입니다. 직원들의 친절한 태도는 두말할 것도 없고요."

‘글로벌 세브란스 글로벌 채리티’를 시행하는 세브란스

우리 세브란스는 1885년 4월 10일 ‘널리 은혜를 베풀자’는 의미의 ‘광혜원’이라는 이름으로 개원해서 ‘대중을 구제한다’는 의미의 개명된 이름 ‘제중원’을 거쳐 1904년 9월 남대문 밖 복숭아골(현재의 서울역 맞은 편 세브란스 빌딩이 있는 지역)에 ‘세브란스기념병원’을 봉헌하면서 ‘세브란스’란 이름을 갖게 된 한국 최초의 서양식 현대병원이다. 2020년 현재 창립 135주년이 지나기까지 수많은 선교사와 선각자들의 ‘눈물로 씨를 뿌리는’ 헌신과 수고 위에 섬김과 나눔을 위해서 최고가 되도록 언제나 노력하고 있다. 그러므로 세브란스는 물론이고 광혜원을 창립의 출발로 하는 연세대학교가 “The First & the Best”를 캐치프레이즈로 삼고 있는 것은 매우 자연스럽다.

세브란스는 2010년 창립 125주년을 기념하면서 다양한 특별 사업을 계획했다. 그중 하나가 1893년 11월 제중원의 4대 원장으로 취임하여 1934년까지 세브란스의학전문학교와 연희전문학교의 교장을 18년 동안 겸직했던 에비슨 박사와 ‘세브란스기념병원’의 건축비를 비롯하여 세브란스병원에 기부를 아끼지 않았던 사업가 세브란스 씨의 헌신을 기리기 위해서 계획했던 '글로벌 세브란스 글로벌 채리티'(Global Severance, Global Charity) 사업이었다. 이 사업은 우리 세브란스의 의료선교활동이 제대로 닿지 않는 저개발국가의 빈곤한 환자들을 추천받아 선발하여 초청해서 그들의 몸과 마음을 세브란스 의료진과 구성원들의 사랑으로 치료하는 것을 목표로 삼았다.

올해로 10년 차 실행하는 '글로벌 세브란스 글로벌 채리티' 사업은 4T Care 시스템 아래 환자 초청부터 귀국까지의 전 과정을 세심히 살피며 운영하고 있다. 1. Team Care, 의료진, 사회사업팀, 원목실, 의료선교센터, 간호팀, 원무팀, 국제팀 등 여러 부서 간의 긴밀한 협력을 통해 초청부터 퇴원까지 전체 과정에서 환자를 철저히 돌본다. 2. Twin Care, 환자의 정서적 안정을 위해 보호자까지 함께 초청하고, 통역 봉사자를 연계해서 원활한 의사소통을 돕는다. 3. Touch Care, 환자와 의료진의 정서적 교감을 통해 몸과 마음을 함께 치료한다. 4. Total Care, 치료 외에 항공비, 숙식비, 한국 나들이, 환송회, 기념선물 등을 준비하여 한국과 세브란스병원에 대한 좋은 추억을 안고 귀국할 수 있도록 종합적인 서비스를 제공한다.

세부적인 진행과정 역시 매우 치밀하다. 현지인들과 함께 생활하는 한국인 선교사가 선교사 개인의 도움이나 단기의료선교 또는 현지 의료기술로 치료가 어려운 환자를 선정하여 세브란스에 추천한다. 선교사들의

글로벌 세브란스 글로벌 채리티 환송파티

의뢰가 들어오면 세브란스는 한정된 자원을 효율적으로 배분하고자 해당 국가에서의 치료 가능 여부, 환자의 가정 형편 등을 면밀히 심사한다. 환자가 선정되면 가족 보호자 1인과 함께 여권, 비자, 항공권 구매와 관련한 모든 업무와 비용을 지원한다. 한국에 입국해서 세브란스에 입원하면 최고의 의료진을 통해 치료와 수술을 신속히 받도록 한다. 치료를 마친 환자와 보호자를 위해 한국 나들이, 송별회 등을 계획하여 치료 이상의 깊은 관계를 형성한다. 모든 과정을 마치고 귀국하더라도 환자의 건강을 계속 체크한다.

2011년 '글로벌 세브란스 글로벌 채리티' 사업의 첫 환자들은 케냐로부터 왔다. 선천성 심장기형으로 생명이 위태로웠던 섀드락과 페이스, 두 어린아이를 세브란스 의료진은 모든 정성과 힘을 다해서 치료했다. 그렇게 첫해에는 '일곱 빛깔 무지개'처럼 7명의 환자가 치료받아 새 생명의 기쁨을 누렸다. 2012년에는 27명, 2013년에는 23명, 2014년에는 27명 등 계속해서 매년 30명 내외의 환자들이 이 사업을 통해 세브란스를 방문하여 치료받고 있다. 2013년에 한 통의 편지가 왔다. 그 안에는 첫 번째 수혜자였던 페이스의 아버지가 소작하며 얻은 식량을 판 우릿돈 1만 1천 원의 현금과 "할 수 있는 최선의 것을 기부한다."는 글귀가 있었다. 그 돈이 액면으로는 큰돈이 아니었지만, 우리 세브란스의 구성원들에게는 큰 기쁨과 보람을 안겨준 실제로는 대단히 크고 의미심장한 돈이었다.

2016년 발행된 '글로벌 세브란스 글로벌 채리티' 5주년 나눔보고서에는 이러한 경험들을 다음과 같이 축약하고 있다. "1885년 그들에게서 우리로, 2011년 우리로부터 당신들께, 이제 당신이 누군가에게... 섬김은 끝없이 이어집니다. 글로벌 세브란스 글로벌 채리티가 생명을 선물한 이국땅에서 고운 꽃이 피고 또 피어납니다. 알차게 여문 꽃씨가 바람결에 흩날립니다. 멀리 더 멀리 번져갑니다." 보고서에 의하면 2011년 몽골, 베트남, 캄보디아, 케냐, 마다가스카르 5개국 7명의 환자를 초청해서 처음 치료했던 것이 2015년까지 5년 동안 107명의 환자들을 치료했다. 가까운 아시아로부터 지구 반대편 중남미와 아프리카까지 18개국 출신 환자들에게 새로운 생명과 건강한 삶을 선물할 수 있었는데, 그 비용을 감당하기 위해서 세브란스 교직원을 포함한 33 곳의 파트너들이 42억 4천만 원을 후원했다.

이처럼 '글로벌 세브란스 글로벌 채리티' 사업은 가난과 저개발국가의 낮은 의료 수준 때문에 치료가 어려운 환자들을 초청하여 치료하는 세브란스만의 특별한 사업이다. 의료 소외지역에 의료와 복음을 전파하며 사랑을 실천하는 의료선교기관으로서의 세브란스가 이전에 받았던 사랑을 나누기 위해 연세대학교 개교 125주년 기념사업으로 시작한 것이다. 이 사업은 한마디로 섬김과 나눔 속에 태어난 세브란스의 소명이고, 섬김과 나눔을 실천하는 세브란스의 자부심이며, 섬김과 나눔으로 계속 이어지는 세브란스의 힘이다. 구순구개열, 소이증, 시각장애 및 양대혈관우심실기시증을 갖고 태어난 베트남 어린아이 응웬 반하는 시기를 놓치면 심부전

글로벌 세브란스 글로벌 채리티 환송파티

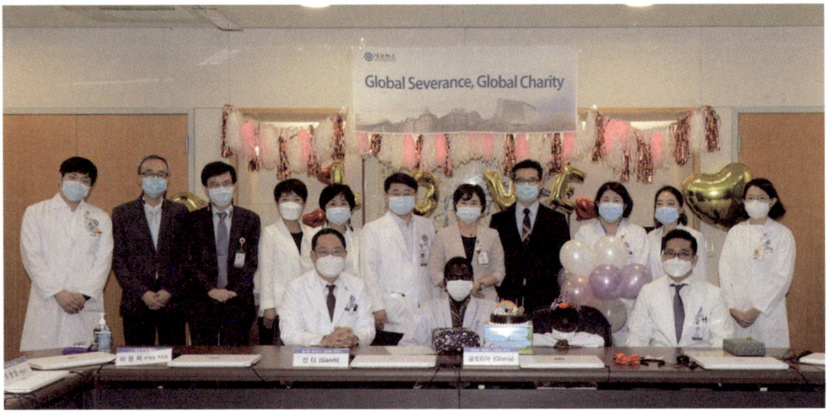

글로벌 세브란스 글로벌 채리티 환송파티

합병증으로 죽거나 고혈압 등으로 아예 치료를 할 수 없는 상황이었는데, 세브란스가 초청해서 2014년 4월 1차 수술, 2015년 10월 2차 수술을 거쳐 지금은 건강하게 살고 있다. 그 아이의 어머니가 비뚤비뚤한 한글로 직접 써서 보내온 편지의 일부를 소개한다. “수술이 잘 되어 반하의 건강도 좋아지고 보통 사람의 얼굴처럼 되었습니다. 그동안 목사님과 여러분들이 많이 도와주신 걸 잊지 않겠습니다. 수술을 준비하기부터 진행할 때까지 많은 의사들의 수고와 큰 돈이 필요했던 걸 알고 있습니다. 여러분이 안 도와 주셨다면 저희 부부는 아기한테 이렇게 치료해주지 못했을 것입니다. 저희 가족을 대표해서 도와주신 모든 분에게 감사드립니다. 건강하시고 행복하시길 바랍니다.”

“병원에 화재가 나고도 칭찬을 받은 세브란스”

2018년 2월 3일 토요일 아침 7시 56분 직후의 일이었다. 세브란스 본관 3층의 1병동 입구 쪽에서 화재가 발생했다. 화재가 발생하자마자 당직 직원은 소방당국으로 즉시 신고했다. 그리고 평소 숙지하고 있던 화재관리 매뉴얼에 따라서 자기 할 일을 수행했다. 원내방송을 통해서 화재 발생의 상황을 의료진과 환자들, 내원객들에게 신속히 전달했고, 이후 대피하는 요령과 함께 진압의 상황 또한 차분하게 안내했다. 당시 본관에는 의사와 간호사 등 의료원 교직원이 500여 명 상주해 있었고, 1병동에는 환자 307명과 보호자 등 400여 명이 입원실에 머물러 있었다. 토요일이라 수술은 없었지만, 1병동과 2병동 전체로 보면, 1,100여 명의 환자들이 입원 중이었고, 불이 난 3층 원무팀 업무 창구 부근에도 진료차 방문한 환자와 보호자들이 적지 않게 있었다. 만일 대처가 제대로 되지 않았다면 엄청난 재난으로 이어질 순간이었다.

본관에 있던 세브란스 의료진은 평소에 ‘화재훈련’을 받은 대로 침착하게 행동했다. 먼저 1병동에 있던 환자와 보호자들을 피난계단을 통해 반대편 2병동 쪽으로 대피시켰다. 9층 중환자실 환자들에 대해서는 먼저 2병동 쪽으로 이송한 후에 다시 더 안전한 곳으로 이송했다. 응급실에 있던 환자 31명 가운데 2명은 이동형 생명유지장치를 유지해서 대기하던 구급차 안으로 침대째 이송했다. 엘리베이터에 탄 사람들은 즉시 내리도록 했고, 모든 엘리베이터의 가동을 중지시켰다. 거동이 불편한 환자들은 의료진과 소방관들이 직접 업고서 안전한 곳으로 이동했다. 이미 화재훈련을 합동으로 한 경험이 있는 지역 소방관들은 병원 구조를 상세히 알고 있었던 관계로 발화 지점을 신속히 찾아낼 수 있었다. 더욱 다행이었던 것은 화재가 났을 때 스프링클러가 바로 작동되었고, 감지기가 화재를 감지하자마자 방화문을 즉시 차단했던 것이다.

세브란스의 화재는 일주일 전 어느 지방 병원에서 발생했던 화재와 확연한 차이를 보여주었다. 그 병원의 화재는 오전 7시 25분에 발생했지만 신고는 7시 32분으로 7분이나 지체되었고, 발화 원인은 세브란스와 마찬가지로 천장 전기 배선이 문제였지만 스프링클러나 방화문이 설치되지 않아 화재가 크게 확대되었다. 사상자가 전혀 없었던 세브란스와는 달리 사망 40명, 부상 151명의 사상자를 냈다. 연합뉴스는 “같은 ‘병원 전기화재’ 지만 달랐다”는 타이틀 아래 도표까지 만들어서 비교하며 보도했고, 동아일보는 “세브란스 화재 사상자 ‘0’ … 기본이 달랐다”는 제목 아래 경보, 피난, 소화 등 모든 것이 완벽했음을 보도했다. 화재 발생 이틀 뒤 조선일보 사설은 “세브란스식 화재 대응 전국 시설로 전파시켜야 한다”는 제목

세브란스병원 화재 현장

아래 세브란스 화재의 소중한 경험을 다른 병원들과 백화점, 극장 등 대규모 시민 이용 시설들과 공유할 것을 제안했다.

국민의당 박지원 의원은 환자의 보호자로서 세브란스 화재 현장의 모든 것을 직접 경험했던 분이다. 그분이 페이스북에 올렸던 글은 당시의 상황을 생생히 전해주는 귀한 자료라 여겨진다. "서울 신촌세브란스병원 본관 3층 식당에서 08시경 화재, 08시 10분경 간호사, 병원 직원과 출동한 소방관의 안내로 21층 옥상으로 질서있게 피신했다가 1시간 10분 만에 병실로 무사 귀환했습니다. 헬기로 옥상헬기장에서 중환자들 이송, 소방관의 신속한 출동으로 피신 안내하고 계단 못 오르시는 환자는 소방관들이 업

세브란스 병원 화재 진압 후 기자회견

어서 피신시키고, 간호사 병원 직원들 담요 등 침구 가져와 환자들 돌봅니다. 구내방송은 화재가 진압되었으나 연기를 빼내는 작업 중이니 기다리라 안내방송, 소방관, 병원 의사, 간호사, 직원들 100% 완전하게 대처합니다. 제 아내 오한이 들어 간호사 직원들이 가져다준 담요 두 겹으로 싸고 큰딸 코트와 앞뒤로 껴안아 보호했습니다. 입원실 돌아와 간호사 체크하니 정상이라 합니다. 신촌세브란스병원 화재관리 최곱니다. 신속대응한 소방관님들께도 감사드립니다."

화재가 나던 날 아침, 나는 경주에서 개최된 연세대학교 교직원수양회 폐회예배를 마치고 아침식사를 위해서 다른 교수들과 함께 테이블 좌석에 앉으려던 차였다. 의료원장이 나에게 다가와 귓속말로 세브란스병원에 화재가 나서 급하게 상경하니, 의료원 식구들은 남은 일정을 잘 마치고 오라고 당부했다. 식사가 끝나고 의료원의 주요 보직자들과 팀장들을 소집하여 소식을 전하니, 너 나 할 것 없이 자기들도 당장 상경해야겠다고 응답했다. 지금 당장은 모르겠지만, 병원에 가면 분명 자기들이 할 일이 있으리라는 것이었다. 마지막 일정은 지역 투어라서 원하는 지역을 둘러보며 맛있는 점심을 먹고 귀경하는 부담없는 일정만을 남겨두고 있었는데, 그들 모두는 자신이 처리해야 할 어떤 부담을 자발적으로 감당하기 위해서 상경을 서둘렀다.

의료원의 보직생활 3년 6개월이 되어 가던 나에게 세브란스의 명성이 저절로 만들어진 것이 아님을 새삼 깨닫게 하는 경험이었다. 그날 나는 지역투어의 한 지역에 대한 안내를 담당하고 있었지만, 동료 교목에게 맡기고 세브란스 식구들과 함께 상경했다. 토요일 오전 시간인지라 KTX 열차에는 빈 좌석이 없어서 대부분의 교직원들은 입석으로 상경했고, 서울역에서 택시로 세브란스에 도착하니 기자회견이 막 끝난 상황이었다. 주말인데도 교직원수양회에 참석하지 않은 교직원들까지 병원에 나와서 주변을 둘러보며 염려하고 있었다. 나는 흩어지려는 그들을 회의실로 불러서 하나님 앞에 감사의 기도를 함께 했다. "우리를 장중에 품어 눈동자처럼 보호해주신 하나님, 세브란스의 화재 속에서 한 명의 사상자조차 없도록 지켜주셨으니 감사드립니다. 우리 의료원의 리더들과 모든 구성원이 한마음으로 대처하게 하셨으니 감사드립니다. 이후에 있을 수습과 각종 처리

할 사항들도 차질 없이 감당할 수 있도록 당신의 지혜와 능력과 용기를 우리에게 베풀어주십시오. 우리 의료원의 주인이신 예수 그리스도의 이름으로 기도합니다. 아멘." 이처럼 세브란스 본관의 화재 사건은 세브란스의 저력을 유감없이 보여준 하루로 지금까지 은은한 감동과 함께 생생히 기억되고 있다.

한국교회가 파송한 해외선교사들을 위해서 건강관리 지원 사업을 시행하는 세브란스

2015년 통계청 통계에 의하면 기독교가 우리나라 최대의 종교임을 알 수가 있다. 개신교 신도가 약 980만 명, 가톨릭 신도가 약 380만 명, 합하면 1,360만 명으로 기독교 신도가 전체 인구 가운데 27.5%나 차지한다. 한국교회는 척박한 조선 땅에 복음을 전한 외국인 선교사들이 베푼 사랑의 빚을 갚기 위해서 기독교 복음이 열악한 해외 선교지를 찾아서 교회 차원에서 또는 선교회 차원에서 한국인 선교사들을 파송하고 있다. 한국세계선교협의회(KWMA)가 2020년 1월 14일 발표한 '2019년 12월 한국 선교사 파송 현황'을 보면, 28,039명의 선교사들이 세계 171개 국가에서 교회 개척과 현지인 선교훈련, 복지 및 개발, 대학 캠퍼스 및 일반 교육 등을 위해서 사역하고 있다. 최근 비자 장벽이 높아진 선교지의 상황과 선교사를 파송한 교회나 선교회의 재정이 열악해진 상황은 한국인 선교사들의 활발한 사역을 주춤하게 만드는 주요 원인으로 작동하고 있다. 2019년 12월 한국인 선교사들의 수가 2018년 12월보다 46명이 증가한 것은 우리나라 개신교회의 저력이라고 여겨진다.

해외에서 선교사역을 감당하는 선교사들이 직면하는 많은 어려움 가운데 하나가 의료문제이다. 많은 사역을 열정을 다해 감당하는 선교사들이 소홀히 하는 것이 건강관리이고, 그러다 보니 건강문제가 생기면 개인도 현지의 선교 활동도 큰 타격을 입는 경우가 비일비재하기 때문이다. 연세의료원은 21세기를 맞이하기 직전에 “하나님의 사랑으로 인류를 질병으로부터 자유롭게 한다.”는 사명을 선언하고, 2002년 초 이 사명을 구체적으로 실천하기 위한 방안을 모색하던 가운데 사명실천위원회를 구성했다. 사명실천위원회 내에는 해외선교사 건강관리팀이 있었고, 이 팀은 해외오지에서 건강을 위협받는 선교사와 그 가족들의 건강을 돌보기로 결정했

해외선교사 건강지원 협약식

다. 이를 위해서 연세의료원은 선교사를 파송한 교회와 협약을 맺고, 건강검진비와 치료비를 50% 감면해주는 동시에 진료와 치료가 신속하게 이루어지도록 돕기로 했다. 그 후 이러한 도움을 실제로 경험한 선교사들은 건강에 대한 불안감이 해소되어 훨씬 더 의욕적으로 사역할 수 있게 되었다고 이구동성으로 말한다.

사실 선교사를 해외에 파송한 교회는 선교사의 생활과 사역에는 어느 정도 관심을 쏟지만, 선교사의 건강까지 챙기기에는 관심과 여력이 부족하다. 연세의료원이 개별 교회와 협약을 맺으며 선교사 건강관리 지원사업을 시행하는 이유는, 어느 교회가 선교사를 파송했다면 선교사의 건강까지 관심을 갖고 일정 부분 책임져야 한다고 기대했기 때문이다. 건강관리 지원사업을 처음 시작했을 때 세브란스는 선교사가 세브란스에 지불한 의료비용의 50%를 파송한 교회의 구좌로 돌려보내 주었다. 이는 파송한 선교사에게 의료적인 문제가 발생한 것을 인지시키는 동시에 돌려받은 비용에 후원금을 더해서 선교사를 후원하는 선순환을 이루기를 원했기 때문이다. 물론 적지 않은 교회들이 선순환에 참여해주어 감사했던 반면에, 예외적인 교회들도 노출되어 안타까웠다. 환불된 50%의 의료비용에 추가 후원을 하기는커녕 환불된 50%의 의료비용조차 돌려주지 않는 교회가 있었고, 게다가 건강문제를 빌미로 해서 선교사에게 약속했던 원래의 후원마저 끊어버리는 상황이 생겨났기 때문이다. 그래서 지금은 선교사들에게 처음부터 의료비의 50%를 감면해주는 형태로 운영하고 있다.

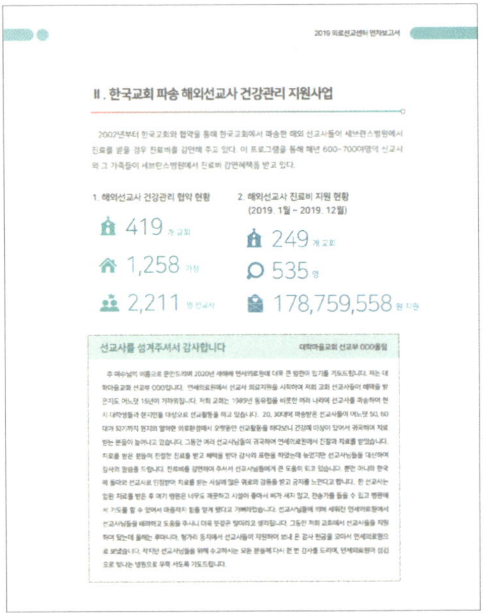
2019 의료선교센터 연차보고서

Ⅱ. 한국교회 파송 해외선교사 건강관리 지원사업

2002년부터 한국교회와 협약을 통해 한국교회에서 파송한 해외 선교사들이 세브란스병원에서 진료를 받을 경우 진료비를 감면해 주고 있다. 이 프로그램을 통해 매년 600~700여명의 선교사와 그 가족들이 세브란스병원에서 진료비 감면혜택을 받고 있다.

1. 해외선교사 건강관리 협약 현황

- 419 개 교회
- 1,258 가정
- 2,211 명 선교사

2. 해외선교사 진료비 지원 현황 (2019. 1월 ~ 2019. 12월)

- 249 개 교회
- 535 명
- 178,759,558 원 지원

선교사를 섬겨주셔서 감사합니다 대학마을교회 선교부 OOO올림

주 예수님의 이름으로 문안드리며 2020년 새해에 연세의료원에 더욱 큰 발전이 있기를 기도드립니다. 저는 대학마을교회 선교부 OOO입니다. 연세의료원에서 선교사 의료지원을 시작하여 저희 교회 선교사들이 혜택을 받은지도 어느덧 15년이 가까워졌습니다. 저희 교회는 1989년 동유럽을 비롯한 여러 나라에 선교사를 파송하여 현지 대학생들과 현지인을 대상으로 선교활동을 하고 있습니다. 20, 30대에 파송받은 선교사들이 어느덧 50, 60대가 되기까지 현지의 열악한 의료환경에서 오랫동안 선교활동을 하다보니 건강에 이상이 있어서 귀국하여 치료받는 분들이 늘어나고 있습니다. 그동안 여러 선교사님들이 귀국하여 연세의료원에서 진찰과 치료를 받았습니다. 치료를 받은 분들이 친절한 진료를 받고 혜택을 받아 감사의 표현을 하였는데 늦었지만 선교사님들을 대신하여 감사의 말씀을 드립니다. 진료비를 감면하여 주셔서 선교사님들에게 큰 도움이 되고 있습니다. 뿐만 아니라 한국에 돌아와 선교사로 인정받아 치료를 받는 사실에 많은 위로와 감동을 받고 긍지를 느낀다고 합니다. 한 선교사는 입원 치료를 받은 후 여기 병원은 너무도 깨끗하고 시설이 좋아서 비가 새지 않고, 찬송가를 들을 수 있고 병원에서 기도를 할 수 있어서 마음까지 힘을 얻게 됐다고 기뻐하였습니다. 선교사님들에 의해 세워진 연세의료원에서 선교사님들을 배려하고 도움을 주시니 더욱 뜻깊은 일이라고 생각됩니다. 그동안 저희 교회에서 선교사들을 지원하여 왔는데 올해는 루마니아, 헝가리 등지에서 선교사들이 지원하여 보내 온 감사 헌금을 모아서 연세의료원으로 보냈습니다. 작지만 선교사님들을 위해 수고하시는 모든 분들께 다시 한 번 감사를 드리며, 연세의료원이 섬김으로 빛나는 병원으로 우뚝 서도록 기도드립니다.

해외선교사 건강관리 지원사업 현황

해외에 선교사를 파송한 교회가 연세의료원과 '해외선교사 파송교회 지원' 협약을 맺기 위해서는 일단 '해외선교 건강관리 지원 신청서'를 비롯한 몇 가지 서류를 구비하여 연세의료원 의료선교센터에 접수해야 한다. 의료선교센터는 제출된 구비서류를 확인한 후 협약서 2부를 작성하여 해당 교회로 보내게 된다. 그러면 해당 교회는 담임목사의 사인이나 교회의 직인을 찍어 1부를 다시 의료선교센터로 보내는 것으로 협약을 완료한다. '해외선교사 파송교회 지원협약서'의 제1조는 목적을 다음과 같이 제시하고 있다. "본 협약은 해외선교에 노력하는 선교사에 대한 건강관리 및 치료를 위하여 '의료원'과 '교회'가 상호 협력함으로써 기독교적 사명을 이루기 위해 공동의 노력을 도모하는 데 그 목적이 있다." 이처럼 협약은 해외선교사와 배우자, 그 자녀들의 건강관리와 치료에 의료원과 교회가 상호 협력함으로써 선교 활동이 원활히 이루어지도록 돕는 것을 목적으로 한다.

연세의료원은 2002년 이래로 해외선교사 건강관리 지원사업을 통해서 수많은 선교사에게 의료적인 지원을 아낌없이 시행하고 있다. 2018년의 경우에는 255개 교회가 파송한 647명의 선교사에게 2억 2천만 원 남짓된 비용을 지원했고, 2019년의 경우에는 249개 교회가 파송한 535명의 선교사들에게 1억 8천만 원 상당의 비용을 지원했다. 지원하는 비용은 우리 연세의료원이 책정한 기본 예산과 의료선교센터의 자체 후원금으로 충당하는데, 경제적으로 어려운 선교사들에게는 재정적인 지원도 큰 도움이지만, 귀국하자마자 필요한 진료와 치료, 수술 관련한 일정을 최대한 당겨서 시간을 절약해주는 것이 큰 도움이라고 말할 수 있다. 몇 년 전의 이야기이다. 의료선교센터 운영위원인 내가 3년마다 협약을 갱신해야 하는 '해외선교사 건강관리 지원사업'에 대해서 협약을 맺는 교회들도 일정 금액의 재정적 지원을 자발적으로 약정할 수 있도록 하자고 제안한 바가 있다. 매달 5만 원이라도 선교비를 후원해야 파송한 교회 역시 한국인 선교사들에 대한 관심을 더할 수 있고, 서로 도울 수 있지 않겠느냐는 의도였다. 당시 연세의료원과 협약한 교회는 500여 개였고, 후원받을 수 있는 선교사는 2,800여 명이었는데, 선교비의 자발적인 약정을 제안한 것으로 인해서 적지 않은 교회가 재협약을 맺지 않았다. 그 결과 2019년 말 현재 협약한 교회는 419개이고, 후원받을 수 있는 선교사의 수는 2,211명으로 집계되고 있다. 이러한 변화가 선교비 약정 제안 때문만은 아니겠지만, 선교에 대한 한국교회의 관심과 열정의 수준이 아닌가 해서 염려가 된다.

최근 의료선교센터가 출판한 '2019년 의료선교센터 연차보고서'에는 어느 교회 선교부 담당자가 보낸 "선교사를 섬겨주셔서 감사합니다"란 제목의 글이 게재되어 있다.

"주 예수님의 이름으로 문안드리며 2020년 새해에 연세의료원에 더욱 큰 발전이 있기를 기도드립니다. … 연세의료원에서 선교사 의료지원을 시작하여 저희 교회 선교사들이 혜택을 받은 지도 어느덧 15년이 가까워집니다. 저희 교회는 1989년 동유럽을 비롯한 여러 나라에 선교사를 파송하여 현지 대학생들과 현지인들을 대상으로 선교활동을 하고 있습니다. 20, 30대에 파송받은 선교사들이 어느덧 50, 60대가 되기까지 현지의 열악한 의료환경에서 오랫동안 선교활동을 하다 보니 건강에 이상이 있어서 귀국하여 치료받는 분들이 늘어나고 있습니다. 그동안 여러 선교사님들이 귀국하여 연세의료원에서 진찰과 치료를 받았습니다. 치료를 받은 분들이 친절한 치료를 받고 혜택을 받아 감사의 표현을 하였는데, 늦었지만 선교사님들을 대신하여 감사의 말씀을 드립니다. 진료비를 감면하여 주셔서 선교사님들에게 큰 도움이 되고 있습니다. 그뿐만 아니라 한국에 돌아와 선교사로 인정받아 치료를 받는다는 사실에 많은 위로와 감동을 받고 긍지를 느낀다고 합니다. … 선교사님들에 의해 세워진 연세의료원에서 선교사님들을 배려하고 도움을 주시니 더욱 뜻깊은 일이라고 생각됩니다. 그동안 저희 교회에서 선교사들을 지원하여 왔는데, 올해는 루마니아, 헝가리 등지에서 선교사들이 자원하여 보내 온 감사헌금을 모아서 연세의료원으로 보냈습니다. 작지만 (정성입니다.) 선교사님들을 위해 수고하시는 모든 분께 다시 한 번 감사를 드리며, 연세의료원이 섬김으로 더욱 빛나는 병원으로 우뚝 서도록 기도드립니다."

이 감사의 글을 읽으면서, 우리 연세의료원의 노력을 인정해주고 있다는 점에서 큰 감동이 되었고, 우리의 노력을 다시금 추스르게 한다는 점에서 큰 격려가 되었다. 우리 연세의료원과 선교사를 파송한 교회가 이렇게 상호 협력을 할 수 있다면 참 좋을 것이다.

“세브란스의 동문선교사들을 지원하고, 의료진을 해외에 파송하는 세브란스”

젊은 시절 세브란스에서 교육을 받고 꿈을 꾸며 미래를 준비하던 학생들이 졸업을 하고, 이제는 의료인의 직무를 세상 가운데서 수행하는 연세의료원의 동문들은 오늘의 세브란스가 있기까지 수많은 선교사들이 척박한 땅에 입국하여 사랑과 열정을 아낌없이 쏟아 부었음을 잘 알고 있다. 또한 그들은 지난 136년의 역사를 거치는 동안 세브란스가 세계 도처의 교회와 그리스도인들에게 받은 사랑의 빚을 세브란스가 존재하는 동안 과연 다 갚을 수 있을까 할 정도로 매우 컸음을 잘 기억하고 있다. 그 결과 세브란스 원내에서 호흡하며 꿈을 꾸며 공부했던 적지 않은 의과대학, 치과대학, 간호대학 동문들이 과거의 척박했던 조선처럼 의료환경이 열악한 세계 도처의 지역을 찾아가 질병으로 고통당하는 현지인들을 돌보며 섬기고 있다. 그들은 세계 경제 12위의 능력을 지닌 한국 땅에서 비교적 안락하게 살 수 있지만, 우리를 찾아왔던 선교사들을 모델로 삼아 제2, 제3의 알렌 박사나 제2, 제3의 에비슨 박사가 되고자 이름도 없이 빛도 없이 헌신하고 있다.

세브란스 의료진 세네갈 의료활동

2018년 4월 10일 의료선교센터가 발행한 연세의료원 동문선교사 현황 및 사역보고서 『Yonsei 人in World』를 보면, 해외에서 현재 사역하는 동문선교사가 40명이나 있다. 아프리카의 마다가스카르, 에티오피아, 짐바브웨, 챠드, 케냐에서 11명의 동문선교사가, 중동 및 아시아의 I국, P국, 몽골, 미얀마, 베트남, F국, R국, 캄보디아, 타지키스탄, M국, 필리핀, S국, A국에서 27명의 동문선교사가, 아메리카의 과테말라와 온두라스에서 2명의 동문선교사가 활동하고 있음을 알 수 있다. 의료선교센터는 동문선교사의 자격을 다음과 같이 규정하고 있다. "동문선교사 자격: 현재 선교지에서 선교사로 사역 중인 연세동문(의, 치, 간호대 졸업생), 연세의료원에서 수련하였거나 강사나 교수로 재직하였던 자, 근속년수 5년 이상의 연세의료원 교직원으로서 연세의료원 동문선교사로 등록한 자." 대부분은 연세대학교를 졸업한 동문선교사이지만, 세브란스의 의료진이나 교직원으로 봉직하다가 선교사로 활동하는 실제는 동문이 아닌 분들도 동문선교사로 인정하고 있다는 것이 흥미로운 부분이다.

연세의료원은 이들 동문선교사들에 대해서 그저 멀리서 바라보며 자랑스럽게 여기는 정도에 머물지 않고, 어떻게 이들을 효과적으로 지원할 수 있을까 논의하며 지원하고 있다. 동문선교사들을 지원하는 프로그램으로는 선교사 부부와 20세 미만의 자녀가 부담하는 진료비의 50%를 감액해서 도움을 주는 것이 있다. 동문선교사가 구독하기 원하는 잡지를 정기적으로 구독하도록 지원하는 것이 있다. 금액이 대단하지는 않지만, 연세의료원이 후원자 중의 하나임을 알리고자 매달 일정액의 사역비를 지원하는 것이 있다. 매년 선교지에서의 프로젝트를 신청받아 3~5팀에 대해서 연 5,000불씩 지원하는 것이 있다. 매년 11월 초 미국 켄터키주 루이빌에서 개최되는 의료선교대회에 1~2명의 동문선교사가 참가하도록 비용을 지원하는 것이 있다. 선교지 현지의 의료인을 연세의료원으로 2~4명 초청하여 3개월의 연수교육을 지원하는 것이 있다. 연세의료원 의학도서관의 아이디를 만들어주어 선교지에서 도서관의 자료를 자유롭게 사용할 수 있도록 돕는 것이 있다. 기도 후원과 함께 필요하면 약품이나 치료 장비 등을 지원하는 것이 있다.

앞에 예시한 지원 사례로써 2019년 방글라데시에서 의료선교사역을 감당하는 Y 동문선교사가 신청한 선교지 프로젝트 하나를 소개한다. 그는 의과대학을 1995년에 졸업하고 현지에서 소아과 의사로 섬기면서 자신의 선교사역을 감당하고 있다. 그에 의하면 의료저혜택 국가에서 적절한 치료를 받을 수 없는 경우는 현지 병원에서 치료를 받는 것이 불가능한 경우와 현지에서 치료를 받을 수 있지만 치료비가 없어서 못하는 경우라고 한다. 현지에서 치료를 받을 수 없을 때는 외국에 가서 치료를 받으면 되지만, 치료비가 없어서 현지의 치료를 받지 못할 때는 보는 이들로 하여금 안타깝게 만든다고 한다. 그는 선교지 프로젝트로써 의료선교센터에 '방글라데시 선천성 심장질환 아동 수술지원사업'을 신청했고, 드디어 연세의료원의 지원을 받아서 6명의 방글라데시 심장병 환아에게 새로운 삶을 선물했다고 한다. 만일 심장병 환아들을 한국으로 초청해서 치료하고자 했다면 1인당 적어도 2,000만 원 이상의 경비가 들어갔겠지만, 방글라데시에서는 약 100만 원의 비용만으로도 양질의 치료를 받게 할 수 있었다고 한다. 이처럼 연세의료원은 2006년 이래로 40여 건의 프로젝트 지원사업을 이미 시행했고, 앞으로도 계속 시행할 것이다.

박진용 의료선교센터 소장의 말에 의하면, 연세의료원은 동문선교사들에게 친정집과 같은 역할을 하기 위해서 노력하고 있다고 한다. 친정집이란 자신을 키워준 곳이고, 언제든지 가서 마음 편하게 쉬며 등 기대고 이야기 나눌 수 있는 곳이 아니던가. 박진용 소장은 계속해서 파송단체나 교회 후원회 등이 동문선교사들에게 하기 어려운 일들을 의료선교센터 차원에서 하겠다고 제안하면서 “그것은 바로 의학교육을 통한 선교를 통해서 현지의 의료인들이 세워지고, 이들이 전문 분야의 기독의료인으로서 역량을 발휘할 수 있도록 동반자 역할을 하는 것”이라 말하고 있다. 친정집의 역할을 감당하겠다는 연세의료원 의료선교센터의 지원과 관심 아래 40명의 동문선교사들은 병원에서는 질병치료를 하는 의료진으로, 지역사회에서는 질병예방을 위한 보건활동가로, 학교에서는 자신이 지닌 재능을 나누는 교육자로, 교회에서는 성경을 가르치는 복음의 교사로 땀을 흘리며 일하고 있다. 특히 의과대학을 1961년에 졸업한 강원희 선교사와 간호대학을 1960년에 졸업한 최화순 선교사는 부부로서 네팔, 스리랑카, 에티오피아 지역에서 30년 이상을 헌신해서 일했고, 네팔 현지인들로부터는 ‘히말라야의 슈바이처’란 별명을 받았으며, 국내에서는 그 수고와 업적을 인

케냐 Tenwek 병원 의료진과 연세대 의과대학 학생들

정받아 '언더우드 선교상'과 '연세사회봉사상' 등을 수상한 바가 있다.

한편으로 연세의료원은 의료저혜택 국가의 의료기관과 공동으로 현지 의료인의 의료역량을 강화하기 위해서 단기집중교육(Avison International Clinical Fellowship Workshop)을 제공하고 있다. 2019년 한 해만 해도 성형외과 유대현 교수 외 2인이 케냐 나이로비 의과대학 케냐타병원에서, 재활의학과 박은숙 교수 외 3인이 몽골 국립의과대학교에서, 성형외과 김지희 교수 외 2인이 몽골 국립의과대학교에서, 치과대학병원 보철과 이근우 교수 외 1인이 몽골 국립의과대학교와 키르키즈스탄 메림치과클리닉에서, 이비인후과 윤주헌 교수 외 3인이 짐바브웨 파리엔야타병원과 하라레 중앙병원에서 현지 의료진 수십 명을 대상으로 각각 3일에서 5일 간의 집중교육을 진행한 바가 있다. 우리 연세의료원에서는 집중교육에 참여하는 세브란스 의료진의 왕복항공료와 필요한 물품을 지원하면서 현지 의료인의 의료역량 강화에 기여하도록 격려하고 있다. 또한 연세의료원은 정년 또는 명예퇴직한 교수가 선교지에서 사역을 원하는 경우에는 생활비를 지원하는 에비슨 선교교수로 파송하고 있고, 교직원이 선교활동을 위해 휴직을 요청할 경우에는 최대 2년까지 선교휴직을 할 수 있도록 배려하고 있다. 우리 세브란스가 사랑의 빚을 잊지 않고, 그것을 갚기 위해서 나름 최선을 다하고 있다는 것이 나에게는 언제나 감동이다.

|에필로그|

그동안 세브란스에서 보낸 생활은 나에게 감동 그 자체였다

내가 연세의료원 원목실장 겸 교목실장의 보직을 시작한 것은 2014년 9월 1일이었다. 신촌캠퍼스에서 교목실장을 2년 역임하고 안식년을 받아서 모처럼 충전의 시간을 6개월 보내던 중에 총장 명의의 임명장을 받은 셈이다. 나는 연세대학교의 대제사장이라 일컬어지는 교목실장을 이미 경험했기에 연세의료원에서 맡게 된 새로운 보직의 무게중심을 어디에 둘 것인가를 고민했고, 그 결과 연세의료원의 기독교적인 정체성을 계승하고 강화하며 발전시키는 일에 역점을 두기로 했다. 취임하자마자 나는 광혜원, 제중원을 거쳐 지금에 이른 세브란스병원이 어떤 병원인지를 알아야 그에 걸맞게 일할 수 있겠다는 마음으로 세브란스 역사와 관련한 책들을 찾아서 읽기 시작했다. 교수로서 강의하며 일상적인 업무까지 감당해야 했던 나는 처음 두 달 동안은 역사 관련 책들을 읽고 맡은 역할을 구상하느라 오전 7시쯤 출근해서 오후 9시 이후에 퇴근하는 날이 많았다. 당시 알렌, 언더우드, 에비슨 등 선교사들과 오긍선, 김명선 등 선각자들의 헌신과 열정을 읽으면서 받았던 은은한 감동과 도전이 아직도 느껴진다.

마침 2015년은 연세의료원 창립 130주년을 맞이하는 해였다. 이 뜻깊은 해에 지난 130년 동안 연세의료원의 선교 활동을 겸허히 돌아보고 향후 어떤 비전을 향해서 나아가야 할지, 그리고 어떤 유형의 선교를 구체적으로 감당해야 할지 살펴볼 것을 계획했다. 그래서 학술 심포지엄을 구상했고, 기독교 교회사 또는 의학사를 전공한 교수들을 연사로 초청해서 연세의료원 선교의 과거를 돌아보기, 현재를 살피기, 그리고 미래를 전망하기를 주제로 발표를 요청했고, 그 내용을 연세대학교 대학출판문화원을 통해서 출판했다. 『연세의료원 선교 130년: 과거, 현재, 미래』가 바로 그것이다. 한편으로 연세의료원에 속한 모든 기관과 부서가 기독교 정신의 실현을 위해서 복무하고 서로 협력해야 하는 것은 사실이지만, 누가 보아도 원목실과 사회사업팀과 의료선교센터는 돈을 벌기보다는 번 돈을 의미있게 써야하는 선도적인 부서라 말할 수 있다. 나는 연세의료원이 실현하고자 하는 보편가치를 원목실 중심의 돌봄과 사회사업팀 중심의 나눔, 의료선교센터 중심의 섬김으로 구분하고, 『사진으로 보는 연세대학교 의료원의 선교활동: 돌봄, 나눔, 섬김』이라는 책을 2015년 성탄절에 세 부서 연합으로 출판했다. 지금 이 책은 신임교직원들에게 세브란스를 쉽게 이해하도록 돕는 선물로 나누어지고 있다.

그 후 연세의료원의 정체성 계승, 강화, 발전의 차원에서 매년 한 권의

책을 출판했다. 환자나 가족을 위로하고 격려하기 위해서 부활 신앙을 담아 『더 아파하시는 하나님』(2016년)을, 세브란스 의료진의 사랑 이야기를 담아 『별을 던지는 세브란스』(2017년)를, 원목실 교역자들의 목회 활동을 생생하게 담아 『두려워 말라 내가 너와 함께 함이라』(2018년)를, 의료선교투어를 다녀온 의과대학, 치과대학, 간호대학 학생들의 일정과 소감을 담아 『의료인을 꿈꾸는 연세인들, 세계를 품다』(2019년)를 차례로 출판해서 세브란스의 교직원들, 환자들, 학생들과 공유하고 있다. 가장 최근에 출판한 책은 '선한 사마리아인 SOS 프로젝트' 5주년 보고서 『강도 만난 자의 이웃이 되다』(2019년)이다. 나의 세 번째 임기가 끝나는 시점이라 가장 세브란스다운 이 프로젝트를 더욱 홍보하고 더 많은 기부자를 유치하기 위한 일환이었다. 지난 5년 동안 24개의 교회, 6명의 개인후원자, 두 곳의 기업, 한 곳의 복지재단을 통해서 8억 8천 3백여만 원을 기부받았고, 413명의 환자들에게 6억 7천 2백여만 원을 후원했다. 우리 세브란스 응급실에 오는 환자 가운데 돈이 없어서 치료를 받지 못하는 일이 없도록 정착시킨 것이 가장 큰 보람이다.

평생 잊을 수 없는 의료원에서의 몇 가지 경험이 있다. 내가 의료원에 취임하기 전에 교육프로그램으로 진행되던 직원수양회가 2007년 세브란스 파업 이후로는 개최되지 않고 있음을 알게 된 나는 그것을 재개하기 위한 제안서를 준비해서 정남식 의료원장께 건의했다. 기독교 정체성의 확인, 직원들의 힐링과 충전, 소통하는 공동체를 목표로 설정한 직원수양회는 의료원장의 수락과 교육 주관 부서인 아카데미팀, 직원 복지증진 기구인 노조와 세세한 논의를 거쳐서 2015년 4월 이후 상반기, 하반기로 매년 2회씩 원목실이 주최하고 있는데, 참석자들의 만족도는 95점에서 99점 사이의 점수가 나올 정도로 인기가 좋다. 이전의 직원수양회는 젊은 직원들을 떠밀어서 치르는 행사였다면, 지금은 누구나 오고 싶어 하는 행사로 자리를 잡았다. 2015년 가을 정남식 의료원장의 역제안은 결코 잊을 수가 없다. "실장님, 예산은 걱정하지 마시고, 마음껏 사용하십시오. 그런데 1년에 두 번만 할 것이 아니라 매달 개최하면 안 될까요?" 2019년 10월 영종도 NEST 호텔에서 2박 3일의 직원수양회가 진행될 때 30년 이상을 봉직했던 한 직원의 말 역시 나에게는 압권이었다. "어떤 행사에 참석해서 분에 넘치는 대접을 받고 있다는 생각을 한 것은 이번이 처음입니다. 연세의료원의 직원이라는 사실이 매우 기쁘고 자랑스럽습니다."

제주도에서 열린 발전기금사무국 주관 워크숍에서 있었던 일이다. 워크숍에 가기 전날 나는 사회사업팀장을 통해서 연세의료원 정책회의에 참석한 관계자들이 모든 기부금에 대해 10%의 운영비를 떼기로 결의했음을 알게 되었다. 곧 실행한다고 했다. 워크숍의 주제 강연 직후 외부 강연자의 특강 직전, 내가 손을 들고 연단으로 나가서 마이크를 잡았다. "오늘 워크숍에 올 때 상복을 입고 참석하려고 했습니다. 최근 모든 기부금에 대해 운영비를 떼기로 결정했다고 들었는데, 그것은 우리 세브란스다운 일이 아닙니다. 기부금에 운영비를 떼겠다는 것은 우리가 직접 감당해야 할 운영의 구체적인 몫을 회피하는 것인데, 이는 자기 손을 대지 않고 코를 풀겠다는 것과 다를 바가 없습니다. 적어도 기부자들은 기부금의 100%가 기부 목적대로 쓰일 것을 기대하고 기부하는데, 운영비를 떼는 것을 알게 되면 과연 계속해서 기부하게 될까요? 나는 그 결정에 동의할 수가 없습니다." 벼락같은 나의 말에 워크숍의 분위기는 경색되었고, 우리 최고위 기관장께서는 당신이 매우 'Up된 상태'라며 나에게 경고했다. 몸 둘 바를 모를 지경 가운데 복귀하고 며칠이 지난 어느 날 나에게 반가운 소식이 들려왔다. "원목실, 사회사업팀, 의료선교센터 등에서 기부받는 기부금들에 대해서는 기부 용도대로 100% 사용하기로 했습니다." 이미 시행하기로 공지했던 사안을 번복한 의료원장을 비롯한 관계자들의 결단과 용기를 나는 결코 잊지 못할 것이다.

나의 선임 보직자 가운데 나처럼 연세의료원에서 원목실장 겸 교목실장 2년의 임기를 네 번이나 감당한 분은 아직 없다. 선임자들은 대개 두 번의 임기를 수행했다. 나는 내년에 안식년을 가질 계획이다. 올해의 안식년을 미루었기 때문에 아주 힘들게 허락받았다. 연세대학교에서 21년을 봉직하는 동안 전체 1년 6개월의 안식년을 가졌는데, 마지막 1년의 안식년을 보내지 않는다면 정년까지 남은 3년 남짓 기간을 감당할 에너지를 충전할 수 없을 것 같기 때문이다. 지난 기간 동안 부족한 사람을 세워서 감동 가운데서 일하며 기쁨과 감사와 보람을 거두도록 도와주신 하나님을 찬양하며 모든 영광을 하나님께 돌려드린다. 그리고 대충 넘어가도 될 것을 깐깐하게 굴기도 했던 나에 대해서 인내하며 사랑으로 함께 동역해준 연세의료원 원목실 식구들 한 사람 한 사람에게 머리 숙여 감사의 마음을 전한다. 이 책이 출판되기까지 관심을 갖고 도와준 사회사업팀, 홍보팀, 의료선교센터 등 세브란스 감동의 주역들과 멋진 책을 꾸며준 연세대학교 대학출판문화원 관계자들에게도 고마움을 전한다.

2020년 10월 5일

연세의료원 종합관 6층 원목실장실에서 정 종 훈

|참고문헌|

고진하.『다시 뛰는 생명의 북소리, 쿵쿵』. 서울: 넥서스, 2014.

김충배.『세브란스, 숨은 이야기들』. 서울: 연세대학교 대학출판문화원, 2015.

박창일.『세브란스 르네상스의 비밀』. 서울: 비타북스, 2010.

신규환 외 공저.『연세의료원 선교 130년: 과거, 현재, 미래』. 서울: 연세대학교 대학출판문화원, 2015.

연세대학교 의료원 원목실 엮음.『두려워 말라 내가 너와 함께 함이라』. 서울: 도서출판 동연, 2018.

연세대학교 의료원 원목실 엮음.『의료인을 꿈꾸는 연세인들, 세계를 품다』. 서울: 도서출판 동연, 2019.

이나경 외 공저.『더 아파하시는 하나님』. 서울: 도서출판 동연, 2016.

이 철.『세브란스 드림 스토리』. 서울: 도서출판 꽃삽, 2007.

전우택.『의학교육의 미래』. 서울: 박영사, 2016.

전의철 외 공저.『몽골에서 온 편지』. 대전: 임마누엘, 2009.

정현철 외 공저.『별을 던지는 세브란스』. 서울: 도서출판 동연, 2017.

지훈상.『나무가 꿈꾸어야 산이 움직인다』. 서울: 도서출판 큐라인, 2010.

『2009-2016 세브란스 모금 캠페인 보고서: 세상을 변화시킨 이야기』. 서울: 연세의료원, 2016.

『강도 만난 자의 이웃이 되다』. 서울: 연세대학교 의료원 원목실, 2019.

『사진으로 보는 연세대학교 의료원의 선교활동: 돌봄 나눔 섬김』. 서울: 연세대학교 의료원 원목실, 2015.

『작지만 큰 1 이야기: 세브란스 1% 나눔 운동 10주년』. 서울: 세브란스병원 사회사업팀, 2018.

『한품: 2011, 2012 활동보고서』. 서울: 세브란스 노사공익 기금운영위원회, 2013.

『한품: 2013 활동보고서』. 서울: 세브란스 노사공익 기금운영위원회, 2014.

『2012 세브란스 병원의 '글로벌 세브란스, 글로벌 채리티' 나눔활동보고서』. 서울: 세브란스병원 사회사업팀, 2013.

『2013 세브란스 병원의 '글로벌 세브란스, 글로벌 채리티' 나눔활동보고서』. 서울: 세브란스병원 사회사업팀, 2014.

『2014 세브란스 병원의 '글로벌 세브란스, 글로벌 채리티' 나눔활동보고서』. 서울: 세브란스병원 사회사업팀, 2015.

『2015 세브란스 병원의 '글로벌 세브란스, 글로벌 채리티' 나눔활동보고서』. 서울: 세브란스병원 사회사업팀, 2016.

『2016 세브란스 병원의 '글로벌 세브란스, 글로벌 채리티' 나눔활동보고서』. 서울: 세브란스병원 사회사업팀, 2017.

『2017 세브란스 병원의 '글로벌 세브란스, 글로벌 채리티' 나눔활동보고서』. 서울: 세브란스병원 사회사업팀, 2018.

『2018 세브란스 병원의 '글로벌 세브란스, 글로벌 채리티' 나눔활동보고서』. 서울: 세브란스병원 사회사업팀, 2019.

『2019 세브란스 병원의 '글로벌 세브란스, 글로벌 채리티' 나눔활동보고서』. 서울: 세브란스병원 사회사업팀, 2020.

『The First, the Best, the Most Innovative Hospital: Severance Rehabilitation Hospital』. 서울: 연세의대재활병원, 2018.

『만남: 2018학생의료선교실습』. 서울: 연세의료원 의료선교센터, 2018.

『연세의료원 몽골의료선교 10년 약사 1993-2002』. 서울: 연세의료원 의료선교센터, 2002.

『나눌수록 건강한 세상: 2013 나눔백서』. 서울: 연세대학교 의료원, 2014.

『나눌수록 건강한 세상: 2016 기부금 연차보고서』. 서울: 연세대학교 의료원, 2017.

『나눌수록 건강한 세상: 2017 기부금 연차보고서』. 서울: 연세대학교 의료원, 2018.

『Annual Report 2018: 의료선교센터 연차보고서』. 서울: 연세의료원 의료선교센터, 2019.

『Annual Report 2019: 의료선교센터 연차보고서』. 서울: 연세의료원 의료선교센터, 2020.

『World in Yonsei: 의료저혜택국가 의료인 연수 프로그램 1993-2017』. 서울: 연세의료원 의료선교센터, 2018.

『Yonsei 人in World: 연세의료원 동문선교사 현황 및 사역보고서 2006-2017』. 서울: 연세의료원 의료선교센터, 2018.

『완화의료센터 뉴스레터: 환자와 가족을 위한 전인적 돌봄과 진료 완화의료센터』 vol.1, . 서울: 연세암병원 완화의료센터, 2017.

『완화의료센터 뉴스레터: 환자와 가족을 위한 전인적 돌봄과 진료 완화의료센터』 vol.2, . 서울: 연세암병원 완화의료센터, 2017.

『완화의료센터 뉴스레터: 환자와 가족을 위한 전인적 돌봄과 진료 완화의료센터』 vol.3, . 서울: 연세암병원 완화의료센터, 2018.

『완화의료센터 뉴스레터: 환자와 가족을 위한 전인적 돌봄과 진료 완화의료센터』 vol.4, . 서울: 연세암병원 완화의료센터, 2019.

『완화의료센터 뉴스레터: 환자와 가족을 위한 전인적 돌봄과 진료 완화의료센터』 vol.5, . 서울: 연세암병원 완화의료센터, 2020.

『2014 연세의대재활병원 장애인후원회 소식』. 서울: 연세의대재활병원, 2014.

『2017 연세의대재활병원 장애인후원회 소식』. 서울: 연세의대재활병원, 2017.

『2018 연세의대재활병원 장애인후원회 소식』. 서울: 연세의대재활병원, 2018.

『2019 연세의대재활병원 장애인후원회 소식』. 서울: 연세의대재활병원, 2019.

『2020 연세의대재활병원 장애인후원회 소식』. 서울: 연세의대재활병원, 2020.

「연세대학교의료원소식」 제254호 (1993. 3. 8.), 제255호 (1999. 3. 22.), 제400호 (1999. 11. 15.), 제401호 (1999. 11. 29.), 제434호 (2001. 5. 14.), 제444호 (2001. 10. 29.), 제468호 (2002. 11. 25.), 제488호 (2003. 10. 27.), 제490호 (2003. 11. 24.)

「연세의료원소식」 제622호 (2009. 12. 7.), 제702호 (2013. 7. 22.), 제731호 (2014. 11. 3.), 제807호 (2018. 4. 23.), 제843호 (2019. 12. 9.), 제844호 (2019. 12. 23.)